LA LUXURE
ET
LA PARESSE

PAR

EUGÈNE SUE.

MADELEINE.

I

PARIS
ALEXANDRE CADOT, ÉDITEUR,
32, RUE DE LA HARPE.

1849

LA LUXURE.

Ouvrages de Xavier de Montépin.

Confessions d'un Bohême	5 vol.
Les Chevaliers du Lansquenet	10 vol.
Les Viveurs d'autrefois	4 vol.
Pivoine	2 vol.
Les Amours d'un Fou	4 vol.

Sous presse.

Brutus Leroy.
Les Étudiants de Paris.
Les Oiseaux de nuit.
Le Roman de la vie.
Gabriel.
Cyrano de Bergerac.

Ouvrages d'Alexandre Dumas fils.

La Dame aux camélias	2 vol.
Aventures de quatre femmes	6 vol.
Le docteur Servans	2 vol.
Le Roman d'une femme	4 vol.
Césarine	1 vol.

Sous presse.

Blanc de Lys.
Les Amours véritables.

Impr. de E. Dépée, à Sceaux (Seine).

LA LUXURE

ET

LA PARESSE

PAR

EUGÈNE SUE.

MADELEINE.

I

PARIS
ALEXANDRE CADOT, ÉDITEUR,
32, RUE DE LA HARPE.
—
1849

LA LUXURE.

MADELEINE.

I

I

Le palais de l'*Élysée-Bourbon* (ancien hôtel de la marquise de Pompadour), situé au milieu du faubourg Saint-Honoré, était, dans ces derniers temps [*], ainsi qu'on le sait, l'*hôtel garni* des altesses royales étrangères,

[*] Ce récit a été écrit avant la révolution de février.
E. S.

catholiques, protestantes ou musulmanes, depuis les princes de la confédération germanique jusqu'à Ibrahim-Pacha.

Vers la fin du mois de juillet de l'une des années passées, vers les onze heures du matin, plusieurs jeunes secrétaires et gentilshommes de la suite de *S. A. R. l'archiduc* Léopold-Maximilien, qui habitait l'Élysée depuis six semaines, étaient réunis dans l'un des salons de service du palais.

— La revue donnée au Champ-de-Mars en l'honneur de S. A. R. se prolonge, — disait l'un. — L'audience du prince sera encombrée ce matin.

— Le fait est, — reprit un autre, — qu'il y

a déjà cinq à six personnes qui attendent depuis une demi-heure.

— Et Monseigneur, dans sa rigoureuse ponctualité militaire, regrettera fort cette inexactitude forcée.

Une des portes de la salle s'ouvrit alors, un jeune homme de vingt ans au plus, commensal de la maison, traversa le salon et entra dans une pièce voisine, après avoir salué, avec un mélange de bienveillance et de timidité, les personnes dont nous avons parlé, et qui s'étaient levées à son aspect, lui témoignant ainsi une sorte de déférence que son âge et sa position ne semblaient pas d'ailleurs commander.

Lorsqu'il eut disparu, l'un des gentilshommes reprit, en faisant allusion au très jeune homme qui venait de traverser le salon.

— Pauvre *comte Frantz*... toujours aussi timide ! une jeune fille de quinze ans sortant du couvent aurait plus d'assurance que lui..

— Qui croirait, à le voir si virginal, qu'il a fait pendant trois ans la guerre du *Caucase* avec une rare bravoure ?...

— Et qu'il a eu à Vienne un duel acharné dont il est vaillamment et brillamment sorti ?

— Moi, Messieurs, je me figure que le comte Frantz devait toujours baisser candidement les yeux en allongeant ses coups de sabre aux Circassiens.

— Du reste, je crois que S. A. R. s'accommode fort de l'ingénuité de son...

— Diable!... pas d'indiscrétion, mon cher!

— Laissez-moi donc achever. Je dis que Monseigneur s'accommode fort de la persistante ingénuité de son... filleul.

— A la bonne heure... Et je pense, comme vous, que le prince n'avait pas vu sans quelque crainte ce beau garçon exposé aux tentations de ce diabolique Paris. Mais qu'avez-vous à sourire, mon cher?

— Rien...

— Est-ce que vous pensez que le comte Frantz, malgré son apparente innocence, a eu quelque amourette ?

— Voyez un peu. Messieurs, toutes les belles choses que peut signifier un sourire ;... car je vous en prends à témoin, je me suis contenté de sourire.....

— Sérieusement, mon cher, pensez-vous que le comte Frantz...

— Je ne pense rien... je ne dis rien, je serai muet comme un diplomate qui a intérêt à se taire... ou comme un jeune officier des gardes... nobles, lorsqu'il passe pour la première fois sous l'inspection de Monseigneur.

— Le fait est que le prince a un de ces regards qui imposent aux plus hardis. Mais, pour en revenir au comte Frantz...

Cet entretien fut interrompu par un collègue des personnages réunis dans le salon de service.

Ce nouveau venu fit oublier le comte Frantz, et deux ou trois voix lui demandèrent à la fois :

— Eh bien ! votre merveille ?

— Cette fameuse usine du faubourg Saint-Marceau?

— Cela valait-il au moins la peine d'être vu?

— Pour moi, Messieurs, qui suis très curieux de ces constructions de machine, — répondit celui qui venait d'entrer, — cette matinée a été du plus grand intérêt, et je déclare M. Charles Dutertre (le propriétaire de cette usine), un des plus habiles et des plus savants mécaniciens que je connaisse... en ajoutant qu'il est peu d'hommes plus avenants; je compte même engager Monseigneur à aller visiter ces ateliers.

— A la bonne heure, vous, mon cher, on

ne vous accusera pas de perdre votre temps à des futilités : moi, j'ai de moins hautes prétentions, et ma prétention n'est même encore qu'à l'état d'espérance...

— Et cette espérance ?

— Est d'être invité à dîner chez le célèbre docteur *Gasterini*.

— Le plus illustre, le plus profond gourmand de l'Europe...

—On dit en effet que sa table est un échantillon du Paradis... des gourmands.

—Je ne sais, hélas ! s'il sera pour moi de

ce paradis comme de l'autre... mais j'espère...

— Moi, j'avoue ma faiblesse... De tout ce que j'ai vu à Paris, ce qui m'a le plus charmé... fasciné... ébloui... ravi... je dirai même, instruit...

— C'est? voyons.

— Eh bien ! c'est... (dût ce blasphème faire rougir notre pudique et fière Germanie), c'est...

— Achevez donc !

— C'est le bal Mabille.

Les rires, les exclamations, provoqués par ce franc aveu, duraient encore, lorsqu'un des secrétaires de l'archiduc entra, tenant deux lettres à la main, et s'écria gaîment :

— Messieurs! des nouvelles toutes fraîches de Bologne et de Venise...

— Bravo, mon cher Ulrik... et quelles nouvelles ?

— Les plus curieuses, les plus extraordinaires du monde.

— Vraiment?

— Vite... contez-nous cela, cher.

— Bologne d'abord et Venise ensuite, ont été pendant plusieurs jours, dans une agitation incroyable... par suite d'évènements non moins incroyables.

— Une révolution?

— Un mouvement de la Jeune-Italie?

— Ou bien un nouveau mandement du pape libérateur?

— Non, Messieurs, il s'agit d'une femme.

— D'une femme!

— Oui... à moins que ce ne soit le diable, et j'inclinerais à le croire.

— Ulrik, vous nous mettez au supplice, expliquez-vous donc.

— Vous rappelez-vous, Messieurs, avoir entendu parler en Allemagne, l'an passé, de cette jeune veuve mexicaine, *la marquise de* MIRANDA ?

— Parbleu ! c'est elle que notre poète *Moser-Hartman*... a chantée en vers si magnifiques et si passionnés sous le nom de la *moderne* APHRODITE.

— Ah ! ah ! ah ! quelle plaisante erreur ! —

dit un des interlocuteurs en riant aux éclats, — Moser-Hartman... le poète religieux et spiritualiste par excellence! le poète chaste, pur et froid comme la neige immaculée, aller chanter *Aphrodite* en vers brûlants!! J'ai entendu, en effet, citer ces vers vraiment admirables... mais il sont évidemment d'un autre Hartman...

— Et moi je vous assure, mon cher, et Ulrik vous le confirmera, que ce poême que l'on place, avec raison, à la hauteur des plus belles odes de Sapho, est bien de Moser-Hartman.

— Rien de plus vrai, — reprit Ulrik; — j'ai entendu Moser-Hartman réciter, lui-même, ses vers... dignes de l'antiquité.

— Alors je vous crois ; mais comment expliquer cette transformation soudaine, inconcevable ?

— Eh ! mon Dieu ! cette transformation, qui a changé un homme d'un talent estimable, mais correct et froid, en un homme de génie, plein de fougue et de puissance, dont le nom est à cette heure européen… cette transformation a été opérée par la femme que le poète a chantée… par la marquise de Miranda.

— Moser-Hartman, ainsi changé… j'aurais cru la chose impossible !

— Bah !… — reprit Ulrik, — la marquise

en a fait bien d'autres... et voici un de ses meilleurs tours, que l'on m'écrit de Bologne. Il y avait là un certain cardinal-légat!... la terreur et l'aversion du pays.

— C'est nommer Orsini, homme aussi détestable que détesté.

— Et il a bien l'extérieur de son emploi; je l'ai vu en Lombardie... quelle figure cadavéreuse... et sinistre! Je me suis toujours ainsi représenté le type de l'inquisiteur.

—Eh bien! la marquise l'a conduit au bal du Casino de Bologne, masqué et déguisé en cavalier *Pandour*.

— Le cardinal-légat en cavalier *Pandour!* — s'écria-t-on tout d'une voix. — Allons donc, Ulrik, c'est un conte bleu !

— Vous lirez cette lettre, et quand vous verrez de qui elle est signée, vous ne douterez plus, incrédules que vous êtes, — reprit Ulrik. — Oui, la marquise s'est fait accompagner de l'Orsini ainsi déguisé ; puis, en plein bal, elle lui a arraché son masque en lui disant à haute voix : *Bonsoir, cardinal Orsini ;* et, riant comme une folle, elle a disparu, laissant le légat exposé aux huées de la foule exaspérée. Il eût couru quelque danger, sans la force armée qui vint le protéger ; le lendemain Bologne se soulevait pour demander le renvoi de l'Orsini, qui, après deux jours d'agitation, a été forcé de quitter nuitamment la ville. Le soir, toutes les maisons ont été illuminées en signe d'allégresse : sur plusieurs transparents, on voyait, m'écrit-on, deux M entrelacées, le chiffre de la marquise.

— Et elle, qu'est-elle devenue?

— On ne l'a plus revue, elle était partie pour Venise... — reprit Ulrik, en montrant une seconde lettre ; — là, m'écrit-on, ça été bien autre chose...

— Quelle femme! quelle femme!...

— Comment est-elle?

— L'avez-vous vue ?

— Non...

— Ni moi...

— Ni moi...

— On dit qu'elle est très grande et très mince.

— On m'avait dit à moi qu'elle était d'une taille plus qu'ordinaire.

— Ce qu'il y a de sûr, c'est qu'elle est brune, car Moser-Hartman parle de ses yeux noirs et de ses noirs sourcils...

— Tout ce que je puis dire,—reprit Ulrik, — c'est que, dans cette lettre de Venise, d'où la marquise est partie tout récemment pour la France, assure-t-on, on appelle assez poétiquement cette femme singulière : *la blonde étoile*... ce qui donnerait à penser qu'elle est blonde !

— Mais, à Venise... qu'a-t-elle fait? que s'est-il passé ?

— Ma foi! — répondit Ulrik, — c'est une aventure qui tient à la fois des mœurs de l'antiquité païenne, et de celles du moyen âge en Italie.

Malheureusement pour la curiosité des

auditeurs d'Ulrik, le bruit soudain d'un tambour battant aux champs ayant annoncé le retour de l'*archiduc Léopold*, chaque personne de la maison du prince regagna son poste; on se tint prêt à recevoir l'altesse royale.

En effet, le factionnaire de l'Élysée-Bourbon, ayant vu de loin venir rapidement plusieurs voitures à la livrée du roi des Français, avait poussé le cri *aux armes !* Les soldats de garde, leur officier en tête, s'étaient alignés, et au moment où les voitures de la cour entraient successivement dans l'immense cour de l'Élysée, le tambour battit aux champs, la troupe présenta les armes.

La première des voitures s'arrêta devant

le palais; les valets de pied à grande livrée rouge ouvrirent la portière, et *S. A. R. l'archiduc* Maximilien Léopold monta lentement les degrés du perron, en s'entretenant avec un colonel, officier d'ordonnance, chargé de l'accompagner; à quelques pas du prince venaient ses aides-de-camp, vêtus de brillants uniformes étrangers, et déposés à leur tour au pied du perron, par les voitures royales.

L'archiduc, âgé de trente-neuf ans, était d'une taille à la fois robuste et élancée; il portait, avec une raideur martiale, le grand uniforme *de feld-maréchal*, habit blanc à épaulettes d'or; culotte de casimir écarlate, sur laquelle tranchait le noir luisant de ses grandes bottes à l'écuyère, un peu poudreuses; car il avait assisté, à cheval, à une revue de troupes commandée en son honneur ; le grand cordon rouge, le collier de la Toison-d'Or, et cinq ou six plaques d'ordres différents, ornaient sa poitrine; ses cheveux étaient d'un blond pâle comme sa longue moustache militairement retroussée, qui rendait plus rude encore l'expression de ses traits qu'accusaient fortement la carrure du menton et l'arrête proéminente du nez; l'œil bleu, pénétrant et froid, à demi-couvert par la paupière, s'enchâssait sous un sourcil très relevé; aussi le prince avait-il toujours l'air de regarder de très haut ; ce regard sévère, dédaigneux, joint à une attitude impérieuse, à un port de tête inflexible, donnait à l'ensemble de la personne de l'archiduc, un remarquable caractère d'altière et glaciale autorité.

Depuis un quart d'heure environ, le prince était rentré à l'Élysée, lorsque la voiture d'un ministre français et celle d'un ambassadeur d'une grande puissance du Nord, s'arrêtant successivement devant le perron, l'homme d'État et le diplomate entrèrent dans le palais.

Presqu'à ce moment, l'un des principaux personnages de cette histoire arriva pédestrement dans la cour de l'Élysée-Bourbon.

M. *Pascal* (notre héros s'appelait ainsi) paraissait avoir environ trente-six ans; il était de taille moyenne, très brun, et portait une assez longue barbe, rude et noire comme ses sourcils, sous lesquels luisaient deux petits yeux gris, très clairs, très fins et très perçants; il marchait légèrement voûté, non par suite d'une déviation de sa taille, mais par une sorte de nonchaloir; ayant d'ailleurs coutume de tenir presque toujours sa tête basse et ses deux mains plongées dans les goussets de son pantalon, cette attitude arrondissait forcément ses larges épaules; ses traits étaient surtout remarquables par une expression de dureté sardonique, à laquelle se joignait cet air d'inexorable assurance, particulier aux gens convaincus et vains de leur toute puissance; une étroite cravate noire nouée, comme on dit, *à la Colin,* un long gilet de coutil écossais, un léger paletot d'été de couleur blanchâtre, un chapeau gris assez râpé, et un large pantalon de nankin dans les goussets duquel M. Pascal tenait ses mains enfoncées; tel était son costume, d'une propreté douteuse, et parfaitement en harmonie avec l'extrême chaleur de la saison et *le sans gêne* habituel de ce personnage.

M. Pascal, lorsqu'il passa devant la porte du suisse, fut interpellé par ce fonctionnaire de la *loge*, qui, du fond de son fauteuil, lui cria :

— Eh !... dites donc ! Monsieur, où allez-vous ?

Soit que M. Pascal n'entendît pas le suisse,

soit qu'il ne voulût pas se donner la peine de lui répondre, il continua sans mot dire de se diriger vers le perron.

Le suisse, quittant alors forcément son fauteuil, courut après le muet visiteur, et lui dit impatiemment :

— Encore une fois, Monsieur, où allez-vous donc? on répond, au moins !

M. Pascal s'arrêta, toisa dédaigneusement son interlocuteur, haussa les épaules, et répondit en se remettant en marche vers le perron :

— Je vais... chez l'archiduc.

M. le suisse savait son monde, il ne put s'imaginer que ce visiteur en paletot d'été, et en cravate à la Colin, eût réellement une audience du prince et surtout osât se présenter devant lui, dans un costume si impertinemment négligé, car toutes les personnes qui avaient l'honneur d'être reçues au palais, étaient ordinairement vêtues de noir; aussi M. le suisse, prenant M. Pascal pour quelque fournisseur égaré ou mal appris, le suivit en lui disant à haute voix :

— Mais, Monsieur... les marchands que S. A. R. fait venir, ne passent pas par le grand escalier, voilà... là-bas, à droite, la porte du fournisseur et des communs... par laquelle vous devez entrer.

M. Pascal n'aimait pas les paroles inutiles, il haussa de nouveau les épaules, et continua de s'avancer vers le perron, sans répondre au suisse.

Celui-ci, exaspéré par ce silence et cette opiniâtreté, saisit alors M. Pascal par le bras, et, élevant la voix, s'écria :

— Encore une fois, Monsieur, ce n'est pas par-là que vous devez entrer...

— Qu'est-ce à dire, drôle? s'écria M. Pascal avec un mélange de courroux et de stupeur, comme si l'attentat du suisse lui eût paru aussi audacieux qu'inconcevable ;

— Sais-tu bien à qui tu parles ?...

Il y eut dans ces mots, dans leur accent, une expression d'autorité si menaçante, que le pauvre suisse, un moment effrayé, balbutia :

— Monsieur... je... je... ne sais.

La grande porte du vestibule s'ouvrit alors brusquement ; l'un des aides-de-camp du prince ayant vu, de l'une des fenêtres du salon de service, s'élever l'altercation du suisse et du visiteur, descendit précipitamment les degrés du perron, s'avança avec empressement vers M. Pascal, et, s'adressant à lui en excellent français, il lui dit, d'un ton pénétré :

— Ah ! Monsieur, S. A. R. sera, j'en suis

sûr, aux regrets de ce malentendu. Veuillez me faire l'honneur de me suivre... je vais vous introduire à l'instant... J'ai reçu tout à l'heure les ordres de Monseigneur à votre sujet, Monsieur...

M. Pascal baissa la tête en manière d'assentiment, et suivit l'aide-de-camp, laissant le suisse ébahi et désolé de sa maladresse.

Lorsque M. Pascal et son guide furent arrivés dans le salon d'attente où se trouvaient d'autres aides-de-camp, le jeune officier reprit :

— L'audience de S. A. R. est encombrée ce matin, car la revue a retenu Monseigneur plus longtemps qu'il ne le pensait ; aussi désirant vous faire attendre le moins possible, Monsieur, il m'a ordonné de vous conduire, dès votre arrivée, dans une pièce voisine de son cabinet. S. A. R. ira vous rejoindre aussitôt après la conférence qu'elle a en ce moment avec M. le ministre des affaires étrangères.

M. Pascal fit de nouveau un signe d'assentiment, et, précédé de l'aide-de-camp, il traversa un couloir assez obscur et arriva dans un salon donnant sur le magnifique jardin de l'Élysée.

Au moment de se retirer, l'aide-de-camp, distrait jusqu'alors par la malencontreuse altercation du suisse et de M. Pascal, remarqua le négligé de ce dernier. Habitué aux sévères formalités de l'étiquette, le jeune courtisan fut étrangement choqué de l'irrespectueux costume du personnage qu'il venait d'introduire ; il hésita entre la crainte d'indisposer un homme tel que M. Pascal, et l'envie de protester contre l'inconvenance de sa tenue, espèce d'injure faite à la dignité du prince, inexorable pour tout ce qui touchait aux égards dus à son rang : mais la première crainte l'emporta, et l'aide-de-camp, réfléchissant d'ailleurs qu'il était trop tard pour engager notre homme à aller se vêtir plus révérencieusement, lui dit en se retirant :

— Dès que M. le ministre des affaires étrangères sera sorti du cabinet de S. A. R.

je la préviendrai, Monsieur, que vous êtes à ses ordres.

Ces derniers mots :

Que vous êtes à ses ordres.

Parurent mal sonner aux oreilles de M. Pascal ; un demi-sourire sardonique plissa ses lèvres ; mais faisant bientôt, ainsi qu'on dit, *comme chez lui*, et trouvant sans doute la température du salon trop élevée, il ouvrit une des fenêtres, s'accouda sur la balustrade, et, gardant son chapeau sur sa tête, se mit à examiner le jardin.

II.

II

Tout le monde connaît le jardin de l'E-
lysée, ce petit parc ravissant, planté des plus
beaux arbres du monde, et dont les frais
gazons sont arrosés par une rivière anglaise;
une allée en terrasse qu'abritent des ormes
séculaires borne ce parc du côté de l'avenue
de Marigny : une allée semblable, et paral-

lèle, le limite du côté opposé ; un mur très bas le sépare des jardins voisins.

Cette dernière allée dont nous parlons, aboutissait à peu de distance de la fenêtre du salon où se tenait alors M. Pascal ; bientôt son attention fut pour plusieurs motifs vivement éveillée.

Le jeune homme qui avait traversé le salon des secrétaires et des gentilshommes, et, par sa timidité, avait été l'objet de plusieurs remarques, se promenait alors lentement dans l'allée ombreuse. Il était d'une taille élégante et svelte ; de temps à autre, il s'arrêtait, baissait la tête, restait un instant immobile, puis il recommençait sa promenade; lorsqu'il eut atteint l'extrémité de l'allée, il s'approcha presque furtivement du mur limitrophe du jardin voisin, et comme, à cet endroit, ce mur n'avait guère plus de quatre pieds de haut, il s'y appuya, et parut absorbé, soit dans la réflexion, soit dans l'attente.

Jusqu'alors ce promeneur avait tourné le dos à M. Pascal, qui se demandait avec curiosité ce que pouvait regarder ou attendre ce personnage dont il n'avait pas encore pu distinguer les traits; mais lorsque, n'ayant pas sans doute vu ce qu'il semblait chercher du regard, le jeune homme se retourna et revint sur ses pas, il fit ainsi face à M. Pascal.

Le comte *Frantz de Neuberg*, nous l'avons dit, passait pour être le filleul de l'archiduc, dont il était tendrement aimé. Selon les bruits de cour, S. A. R. n'ayant pas eu d'enfants depuis son mariage avec une princesse de Saxe-Teschen, ne manquait pas de raisons pour traiter *paternellement* Frantz de Neuberg, fruit secret d'un premier et mystérieux amour.

Frantz, âgé de vingt ans à peine à l'époque de ce récit, offrait le type accompli de la beauté mélancolique du Nord : ses longs cheveux blonds, séparés au milieu de son front candide et blanc comme celui d'une fille, encadraient un visage d'une régularité parfaite ; dans ses grands yeux, d'un bleu céleste, au regard doux et rêveur, semblait se réfléchir la pureté de son âme ; une barbe naissante, estampant de son duvet soyeux et doré son menton et sa lèvre supérieure, accentuaient virilement cette charmante figure.

A mesure qu'il s'avançait dans l'allée, Frantz attirait de plus en plus l'attention de M. Pascal, qui le contemplait avec une sorte de surprise admirative, car il était difficile de ne pas remarquer la rare perfection des traits de Frantz ; lorsqu'il fut à peu de distance de la fenêtre, il rencontra le regard fixe et obstiné de M. Pascal, parut non moins embarrassé que contrarié, rougit, baissa les yeux, et, se retournant brusquement, continua sa promenade, hâtant un peu le pas jusque vers le milieu de l'allée ;

là, il recommença de marcher lentement, et sans doute gêné par la pensée qu'un étranger observait tous ses mouvements, à peine osa-t-il d'abord se rapprocher des limites du jardin voisin; mais soudain, oubliant toute préoccupation, il courut vers le mur à la vue d'un petit chapeau de paille qui apparut de l'autre côté de la muraille et qui encadrait dans sa passe doublée de soie rose le plus frais, le plus délicieux visage de quinze ans que l'on puisse rêver...

— Mademoiselle Antonine, — dit Frantz vivement et à voix basse, — on nous regarde...

— A ce soir...

Murmura une voix douce.

Et le petit chapeau de paille disparut comme par enchantement, la jeune fille ayant, sans doute, prestement sauté d'un banc sur lequel elle avait dû monter de l'autre côté du mur.

Mais, comme compensation sans doute à cette brusque retraite, une belle rose tomba aux pieds de Frantz, qui, la ramassant aussitôt, ne put s'empêcher de la porter ardemment à ses lèvres ; puis, cachant la fleur dans son gilet, le jeune homme disparut au milieu d'un massif, au lieu de continuer sa promenade dans la longue allée.

Malgré la rapidité de cette scène, malgré la disparition instantanée du petit chapeau de paille, M. Pascal avait parfaitement distingué les traits enchanteurs de la jeune fille et vu Frantz baiser passionnément la rose tombée à ses pieds.

Les traits durs et sardoniques de M. Pascal devinrent alors étrangement sombres. On y lisait un courroux violent mêlé de jalousie, de douleur et de haine; pendant quelques instants, sa physionomie, devenue presque effrayante, trahit l'homme qui, habitué à voir tout plier devant soi, est capable de sentiments et d'actions d'une méchanceté diabolique, lorsqu'un obstacle imprévu vient contrarier sa volonté de fer.

— Elle! elle! dans ce jardin voisin de l'Elysée, — se disait-il, avec une rage concentrée, — qu'y venait-elle faire?... Triple sot que je suis, elle venait coqueter avec ce fluet et blond jouvenceau... Peut-être habite-t-elle l'hôtel mitoyen. Misère de Dieu! apprendre... et apprendre de la sorte où elle demeure, après avoir en vain tout fait pour le découvrir... depuis que ce damné minois de quinze ans m'a pris par les yeux et m'a rendu fou... moi... moi qui me croyais mort à ces caprices subits et frénétiques, auprès desquels ce qu'on appelle les plus violentes passions de cœur sont de la glace... car, pour avoir rencontré trois fois cette petite fille, je me sens, comme en mes plus beaux jours, capable de tout pour la posséder... à cette heure surtout, que la jalousie m'irrite et me dévore... Misère de Dieu! c'est niais, c'est stupide, mais je souffre.....

Et, en disant ces mots, la figure de M. Pascal exprima, en effet, une douleur haineuse et farouche; puis, tendant son poing du côté où avait paru le petit chapeau de paille, il murmura avec un accent de rage concentré :

— Tu me le paieras, va... petite fille... et quoi qu'il puisse m'en coûter... tu m'appartiendras...

Et, accoudé à la balustrade, ne pouvant détacher ses regards irrités de l'endroit où il avait vu Frantz échanger un mot avec la jeune fille, M. Pascal était encore plongé dans cette sombre contemplation, lorsqu'une des portes du salon s'ouvrit doucement, et l'archiduc entra.

Le prince croyait si évidemment se trouver face à face avec le personnage dont il se savait attendu, que, d'avance, il avait donné à ses traits ordinairement d'une hauteur glaciale, l'expression la plus avenante possible ; aussi entra-t-il dans le salon le sourire aux lèvres.

Mais, M. Pascal, à demi penché hors de la fenêtre, n'ayant pas entendu ouvrir la porte et ne se doutant pas de la présence du prince, continua de lui tourner le dos, en restant accoudé sur l'appui de la croisée.

Un physionomiste, témoin de cette scène

muette, aurait pu curieusement étudier la réaction des sentiments du prince sur son visage.

A l'aspect de M. Pascal, penché à la fenêtre, vêtu de son paletot d'été, et gardant incongruement son chapeau sur sa tête, l'archiduc s'arrêta court; son sourire emprunté s'effaça de ses lèvres, et, se cambrant sur ses hanches plus fièrement encore que de coutume, il se raidit dans son grand uniforme, devint pourpre de colère, fronça les sourcils, et ses yeux lancèrent un éclair d'indignation courroucée... Mais bientôt la réflexion venant sans doute apaiser cet orage intérieur, les traits du prince prirent soudain une expresssion de résignation amère, douloureuse... et il baissa la tête comme s'il eût fléchi sous le poids d'une nécessité fatale...

Étouffant alors un soupir de fierté révoltée, tout en jetant un regard de vindicatif mépris sur M. Pascal, toujours penché à la fenêtre, le prince reprit, si cela se peut dire, son sourire affable, là où il l'avait laissé, s'avança vers la croisée en toussant assez fort afin d'annoncer sa présence et de s'épargner la dernière humiliation de toucher l'épaule de notre familier personnage pour attirer son attention.

Aux *hum! hum!* sonores de l'altesse royale, M. Pascal se retourna subitement ; à la sombre expression de ses traits succéda une sorte de satisfaction cruelle et sardonique, comme si l'occasion lui eût amené une victime sur laquelle il pourrait se venger de ses tourments et de ses colères contenues.

M. Pascal s'avança donc vers le prince, le salua d'un air dégagé, en tenant son chapeau d'une main, et plongeant l'autre dans son gousset.

— Mille pardons, Monseigneur, — dit-il, — je ne savais vraiment pas que vous fussiez là...

— J'en suis persuadé, monsieur Pascal, — répondit le prince avec une hauteur difficilement déguisée.

Puis il ajouta :

— Veuillez me suivre dans mon cabinet, Monsieur, j'ai quelques pièces officielles à vous communiquer...

Et il se dirigeait vers son cabinet, lorsque M. Pascal lui dit avec un calme apparent, car cet homme avait, lorsqu'il le fallait, un rare empire sur lui-même.

— Monseigneur... me permettez-vous une question ?

— Parlez, Monsieur, — répondit le prince en s'arrêtant et se retournant assez surpris.

— Monseigneur... qu'est-ce donc qu'un jeune homme... d'une vingtaine d'années tout au plus, portant de longs cheveux blonds... que je viens de voir se promener dans cette allée... que l'on aperçoit de cette fenêtre ?... Tenez, Monseigneur.

— Vous voulez sans doute parler, Monsieur, du comte Frantz de Neuberg, mon filleul?

— Ah! ce jeune homme est votre filleul, Monseigneur? je vous en fais mon sincère compliment, on ne peut voir un plus joli garçon...

— N'est-ce pas ? — reprit le prince, sen-

sible à cet éloge, même dans la bouche de
M. Pascal, — il a une charmante figure !

— C'est ce que tout-à-l'heure je remarquais à loisir, Monseigneur.

— Et le comte Frantz a mieux qu'une charmante figure, — ajouta le prince ; — il a de rares qualités de cœur et une grande bravoure.

— Je suis enchanté, Monseigneur de vous savoir un filleul si accompli... et il y a longtemps qu'il est à Paris ?

— Il y est arrivé avec moi.

— Et il repartira sans doute avec vous, Monseigneur, car il doit vous être pénible de vous séparer d'un si aimable jeune homme?

— En effet, Monsieur, j'espère bien emmener le comte Frantz avec moi en Allemagne.

— Mille pardons, Monseigneur, de mon indiscrète curiosité... Mais votre filleul est de ces personnes auxquelles on s'intéresse malgré soi... Maintenant je suis tout à vous...

— Veuillez donc me suivre, Monsieur.

Pascal fit un signe de tête d'assentiment,

et, marchant parallèlement à l'archiduc, il arriva avec lui jusqu'à la porte de son cabinet; là, s'arrêtant avec un geste de déférence qui n'était qu'une impertinence de plus, il s'inclina légèrement, et dit au prince, comme si celui-ci avait hésité à passer le premier :

— Après vous, Monseigneur, après vous.

Le prince sentit l'insolence, la dévora, et entra dans son cabinet en faisant signe à M. Pascal de le suivre.

Celui-ci, quoique peu habitué au cérémonial des cours, avait trop d'esprit, trop de pénétration, pour ne pas sentir la portée de ses actes et de ses paroles; non-seulement il avait conscience de son insolence qu'exaspéraient encore des ressentiments récents et contenus ; mais, cette insolence, il la calculait, il l'étudiait, et, dans cette circonstance même, il avait, à part soi, agité la question de savoir s'il n'appellerait pas tout simplement l'altesse royale, *Monsieur* ; mais, par un raffinement d'intelligente impertinence, il pensa que l'appellation cérémonieuse de *Monseigneur* rendrait ses familiarités plus blessantes encore pour le prince, en contrastant avec une apparence d'étiquette...

Nous reviendrons d'ailleurs sur l'expression du caractère de M. Pascal, caractère moins excentrique qu'il ne le paraîtra peut-être tout d'abord. Disons seulement que, pendant dix années de sa vie, cet homme, né dans une position humble, précaire, et d'abord *homme de peine*, avait subi et dévoré les humiliations les plus dures, les dominations les plus insolentes, les dédains les plus outrageants ; ainsi, de haineuses et implacables rancunes s'étaient amassées dans son âme ; et le jour venu où il fut puissant à son tour, il s'adonna sans scrupule, sans remords, à la féroce volupté des représailles, peu soucieux de se venger sur des innocents.

L'archiduc, à défaut d'un esprit supérieur, possédait une longue pratique des hommes, acquise par l'exercice d'un emploi suprême dans la hiérarchie militaire de son pays ; aussi, à sa seconde entrevue avec M. Pascal (entrevue à laquelle nous assistons), il avait compris la portée de l'insolence étudiée de ce personnage, et, lorsqu'en entrant avec lui dans son cabinet, il le vit, presque sans attendre l'invitation, familièrement s'asseoir dans le fauteuil occupé un instant auparavant par un premier ministre qu'il avait trouvé rempli de déférence et de respect, le prince éprouva un nouveau et cruel serrement de cœur.

Le regard pénétrant de M. Pascal surprit cette impression sur le front de l'archiduc, et il se dit avec un triomphant dédain :

— Voilà un prince né sur les marches d'un trône... un cousin, pour le moins, de tous les rois d'Europe, un généralissime d'une armée de cent mille soldats ; le voilà dans tout l'éclat de son uniforme de bataille, paré de tous ses insignes d'honneur et de guerre; cette altesse, cet homme, me méprise dans son orgueil de race souveraine. Il me hait parce qu'il a besoin de moi, et qu'il sait bien qu'il faut qu'il s'abaisse... et pourtant, cet homme, malgré son mépris, malgré sa haine, je le tiens en ma puissance, et je vais le lui faire rudement sentir, car aujourd'hui j'ai le cœur noyé de fiel.

III

III

M. Pascal s'étant établi dans un fauteuil doré, de l'autre côté de la table où se tenait le prince, s'empara tout d'abord d'un couteau à papier en nacre de perle qu'il trouva sous sa main et qu'il commença de faire incessamment évoluer en disant :

— Monseigneur... si vous le voulez bien...

parlons d'affaires, car je dois être à une heure précise au faubourg Saint-Marceau... chez un manufacturier de mes amis...

— Je vous ferai remarquer, Monsieur, — pondit le prince en se contraignant à peine, — que j'ai bien voulu renvoyer à demain toutes les audiences que je devais donner aujourd'hui, afin de pouvoir vous consacrer tout mon temps...

— C'est trop aimable à vous..... Monseigneur... mais venons au fait.

Le prince prit sur la table une longue feuille de papier-ministre, et, la remettant à M. Pascal, lui dit :

— Cette note vous prouvera, Monsieur, que toutes les parties intéressées à la cession que l'on me propose, non-seulement m'autorisent formellement à l'accepter, mais encore m'y engagent vivement, et sauvegardent même toutes les éventualités de mon acceptation.

M. Pascal, sans bouger de son fauteuil, tendit sa main d'un côté à l'autre de la table, pour recevoir la note, et la prit en disant :

— Il n'y avait absolument rien à faire sans cette garantie.

Et il se mit à lire lentement, tout en mordillant le bout du couteau de nacre dont il ne se dessaisissait point.

Le prince attachait un regard inquiet, pénétrant, sur M. Pascal, tâchant de deviner, à l'expression de ses traits s'il trouvait dans la note les garanties qu'il devait y chercher.

Au bout de quelques instants, M. Pascal s'interrompit de lire, disant entre ses dents, d'un air fâcheux et comme se parlant à soi-même :

— Hon... hon... voilà un article 7 qui ne me va point... du tout... mais du tout...

— Expliquez-vous... Monsieur, — s'écria le prince avec angoisse.

— Pourtant, continua M. Pascal en reprenant sa lecture, sans répondre à l'archiduc et en affectant toujours de se parler à lui-même, — cet article 7 se trouve corrigé par l'article 8... oui... et, au fait... c'est assez bon... c'est très bon même.

Le front du prince s'éclaircit, car vivement préoccupé des puissants intérêts dont M. Pascal devenait forcément l'arbitre, il oubliait l'impertinence et la méchanceté calculée de ce personnage, qui trouvait, lui, une âpre jouissance à faire passer lentement sa victime par toutes les perplexités de la crainte et de l'espoir.

Au bout de quelques instants, nouvelles anxiétés du prince ; M. Pascal s'écriait :

— Impossible!... cela... impossible! Pour moi, tout serait annulé par ce premier article supplémentaire. C'est une dérision.

— Mais enfin, Monsieur, — s'écria le prince, parlez clairement!

— Pardon, Monseigneur... en ce moment je lis pour moi... Tout-à-l'heure, si vous le voulez... je lirai pour nous... deux.

L'archiduc baissa la tête, rougit d'indignation contenue, parut découragé, et appuya son front dans l'une de ses mains.

M. Pascal, tout en poursuivant sa lecture, jeta à la dérobée un regard sur le prince, et reprit, quelques moments après, d'un ton de plus en plus satisfait :

— Voilà du moins une garantie... certaine... incontestable...

Et comme le prince semblait renaître à l'espérance, M. Pascal ajouta bientôt :

— Malheureusement... cette garantie est isolée... de...

Il n'acheva pas, et continua silencieusement sa lecture.

Non, jamais solliciteur aux abois venant implorer un hautain et distrait protecteur...

jamais emprunteur désespéré s'adressant humblement à un prêteur rogue et fantasque... jamais accusé cherchant à lire sa grâce ou sa condamnation dans le regard de son juge... n'éprouvèrent les tortures que ressentit le prince, pendant que M. Pascal lisait la note dont il devait prendre connaissance, et qu'il remit bientôt sur la table.

— Eh bien ! Monsieur, — lui dit le prince en dévorant son impatience, — que décidez-vous ?

— Monseigneur... voudriez-vous, s'il vous plaît, me prêter une plume et du papier...

Le prince poussa un encrier, une plume

et du papier devant M. Pascal. Celui-ci commença une longue série de chiffres, tantôt levant les yeux au plafond, comme pour calculer de tête, tantôt murmurant à mi-voix des phrases incomplètes, telles que :

— Non... je me trompais, car...mais j'oubliais le... C'est évident... la balance serait égale si...

Après une longue attente de la part du prince, M. Pascal jeta la plume sur la table, replongea ses deux mains dans les goussets de son pantalon, renversa sa tête en arrière en fermant les yeux comme pour faire mentalement une dernière supputation... puis, se redressant bientôt, il dit d'une voix brève, tranchante :

— Impossible, Monseigneur.

— Comment! Monsieur,— s'écria le prince consterné...— vous m'aviez affirmé, lors de notre premier entretien, l'opération faisable...

— Faisable, Monseigneur... non point faite.

— Mais cette note, Monsieur.,. cette note, jointe aux garanties que je vous ai offertes?

— Ce que propose cette note, complète, je le sais, les sûretés indispensables à une opération pareille.

— Alors, Monsieur, d'où vient votre refus ?

— De raisons particulières, Monseigneur...

— Mais, encore une fois, est-ce que je ne vous offre pas toutes les garanties désirables ?

— Si, Monseigneur... Je vous dirai même que je regarde l'opération non seulement comme faisable, mais encore comme sûre et avantageuse pour celui qui voudrait la tenter. Ainsi je ne doute pas, Monseigneur, qus vous ne trouviez...

— Eh ! Monsieur... — s'écria le prince, en

interrompant Pascal, — Vous savez qu'en ce moment de crise financière, et pour d'autres raisons dont vous êtes aussi bien instruit que moi, vous êtes le seul qui puissiez vous charger de cette opération...

— La préférence de Votre Altesse Royale m'honore et me flatte infiniment — dit M. Pascal avec un accent de reconnaissance ironique, — aussi je regrette doublement de ne pouvoir y correspondre.

Le prince sentit le sarcasme et reprit, en feignant de s'offenser de voir sa bienveillance méconnue :

— Vous êtes injuste, Monsieur..... La

preuve que je tenais à traiter cette affaire avec vous, c'est que j'ai refusé d'entendre les propositions de la maison Durand.

Je suis presque certain que c'est un mensonge, pensa M. Pascal, mais il n'importe... j'éclaircirai la chose ; d'ailleurs cette maison m'inquiète, et parfois me gêne. Heureusement, grâce à ce fripon de Marcelange, j'ai un excellent moyen de remédier à cet inconvénient pour l'avenir.

— Une autre preuve que je tenais à traiter cette affaire directement, personnellement, avec vous, monsieur Pascal, — continua le prince avec un accent de déférence, c'est que je n'ai voulu aucun intermédiaire entre nous;

certain que nous nous entendrions, que nous devions nous entendre..... Oui, — ajouta l'archiduc d'un ton de plus en plus insinuant, — j'espérais que ce juste hommage rendu... à votre capacité financière, si universellement reconnue...

— Ah! Monseigneur...

— A votre caractère aussi honorable qu'honoré...

— Monseigneur... en vérité vous me comblez.

— J'espérais, dis-je, mon cher monsieur Pascal, qu'en venant franchement à vous pour proposer quoi? une opération dont vous reconnaissez vous-même les avantages et la solidité, vous seriez sensible à ma démarche... car elle s'adressait non moins au financier qu'à l'homme privé... J'espérais enfin pouvoir vous assurer, en outre des avantages pécuniaires, des témoignages plus particuliers de mon estime et de ma reconnaissance.

— Monseigneur...

— Je le répète, mon cher monsieur Pascal... *de ma reconnaissance...* puisque, tout en faisant une excellente opération, vous m'auriez rendu un immense service... car.. vous ne sauriez croire quelles peuvent être pour mes intérêts de famille les plus chers... les conséquences de l'emprunt que je sollicite de vous.

— Monseigneur... j'ignorais...

— Et quand je vous parle d'intérêts de famille, — s'écria le prince en interrompant M. Pascal, qu'il espérait de plus en plus ramener, — quand je vous parle d'intérêts de famille, ce n'est pas assez : une haute question d'État se rattache à la cession du duché que l'on m'offre et que je ne puis acquérir sans votre puissant secours financier : ainsi, en me rendant un service personnel, vous seriez encore grandement utile à ma nation... et vous savez, mon cher monsieur

Pascal, comment les grands empires s'acquittent des services d'État...

— Excusez mon ignorance, Monseigneur, mais j'ignore complètement la chose.

Le prince sourit, garda un moment le silence et reprit avec un accent qu'il crut irrésistible :

— Mon cher monsieur Pascal, connaissez-vous le célèbre banquier *Torlonia?*

— Je le connais de nom, Monseigneur.

— Savez-vous... qu'il est prince du Saint-Empire ?

— Prince du Saint-Empire, Monseigneur!
— reprit Pascal avec ébahissement.

Je tiens mon homme, pensa le prince et il reprit tout haut :

— Savez-vous que le banquier Torlonia est grand dignitaire des ordres les plus enviés?

— Il serait possible, Monseigneur?

— Cela n'est pas seulement possible, mais cela existe, mon cher monsieur Pascal. Or, je ne vois pas pourquoi l'on ne ferait pas pour vous ce que l'on a fait pour M. Torlonia.

— Plaît-il, Monseigneur !

— Je dis... — répéta le prince, en appuyant sur les mots, — je dis que je ne vois pas pourquoi un titre éclatant, de hautes dignités ne vous récompenseraient pas aussi.

— Moi, Monseigneur ?

— Vous.

— Moi, monseigneur, je deviendrais... *le prince Pascal ?*

— Pourquoi non ?

— Allons... allons.... Monseigneur veut rire de son pauvre serviteur.

— Personne n'a jamais douté de mes promesses... Monsieur... et, c'est presque m'offenser que de me croire capable de rire de vous...

— Alors, Monseigneur, c'est moi qui rirais de moi-même... et très fort, et très haut, et toujours, si j'étais assez bête pour avoir la velléité de me déguiser... en *prince,* en *duc* ou en *marquis,* dans le carnaval nobiliaire de l'Europe! Voyez-vous, Monseigneur, je ne suis qu'un pauvre diable de plébéien... (mon père était colporteur, et j'ai été homme de peine) j'ai mis quelques sous de côté en faisant mes petites affaires, je n'ai pour moi que mon gros bon sens; mais ce bon sens là, Monseigneur, m'empêchera toujours de m'affubler en *marquis de la Janotière* (c'est un très joli conte de Voltaire, il faut lire cela, Monseigneur!), et ce, à la plus grande risée de ces malignes gens, qui s'amusent comme ça à *emmarquiser* ou à *emprinciser* le pauvre monde.

— L'archiduc était loin de s'attendre à ce refus et à cette amère boutade ; cependant il fit bonne contenance, et reprit d'un ton pénétré :

— Monsieur Pascal, j'aime cette rude franchise, j'aime ce désintéressement. Grâce à Dieu, il est d'autres moyens de vous prouver ma reconnaissance et un jour... mon amitié.

— Votre amitié... à moi, Monseigneur?

— C'est parce que je sais ce qu'elle vaut, — ajouta le prince avec une imposante dignité, — que je vous assurais de mon amitié... si...

— Votre amitié, à moi, Monseigneur, — reprit M. Pascal en interrompant le prince, votre amitié... à moi, qui ai, disent les méchants, centuplé mon petit avoir par des moyens hasardeux, quoique je sois sorti blanc comme une jeune colombe de ces accusations calomnieuses?

— C'est parce que vous êtes, ainsi que vous le dites, Monsieur, sorti pur de ces odieuses calomnies dont on poursuit tous ceux qui s'élèvent par leur travail et par leur mérite, que je vous assurerais de mon affectueuse reconnaissance, si vous me rendiez l'important service que j'attends de vous.

— Monseigneur, je suis on ne peut plus touché... on ne peut plus flatté de vos bontés... mais malheureusement les affaires.... sont des affaires, — dit M. Pascal en se levant, — et cette affaire-ci, voyez-vous, ne me va point..... c'est dire à Votre Altesse Royale combien il m'en coûte de renoncer à l'amitié dont elle a bien voulu m'offrir l'assurance.

A cette réponse d'une amère et humiliante ironie, le prince fut sur le point d'éclater; mais, songeant à la honte et à l'inutilité d'un pareil emportement, il se contint, voulut tenter un dernier effort, et reprit d'un ton pénétré :

— Ainsi... Monsieur Pascal... il sera dit que je vous aurai prié... supplié... imploré en vain.

Ces mots, accentués avec une poignante sincérité : *prié... supplié... imploré*, parurent, aux yeux du prince, impressionner M. Pascal, et l'impressionnèrent en effet ; jusqu'alors, pour lui, l'archiduc n'était pas encore descendu assez bas ; mais en voyant ce royal personnage, après de si durs refus, s'abaisser jusqu'à la prière... jusqu'à une humble supplication... M. Pascal éprouva une de ces âpres jouissances qu'il savourait alors doublement.

Le prince, le voyant garder le silence, le crut ébranlé, et ajouta vivement :

— Allons... mon cher monsieur Pascal, ce n'est pas en vain... que j'aurai fait appel à la générosité de votre cœur,

— En vérité, Monseigneur, — répondit le bourreau, qui, sachant l'opération bonne, était au fond disposé à la faire, mais qui voulait y trouver profit et plaisir... — en vérité, vous avez une manière de dire les choses ! Les affaires, je le répète, ne devraient être que des affaires... et voilà que, malgré moi... je me laisse, comme un enfant, prendre au sentiment... Je suis d'une faiblesse...

Vous consentez! — s'écria le prince radieux, et, dans son premier moment de joie, il saisit avec effusion les deux mains du financier dans les siennes.

— Vous consentez... mon digne et bon Monsieur Pascal!...

— Comment vous résister, Monseigneur?

— Enfin!... — s'écria l'archiduc en respirant avec une joie profonde, et comme s'il eût été, dès-lors, dégagé d'une cruelle obsession. — Enfin!!

— Seulement.... Monseigneur, — reprit

M. Pascal, — je mettrai une petite condition...

— Oh! qu'à cela ne tienne; quelle qu'elle soit j'y souscris d'avance...

— Vous vous engagez peut-être plus que vous ne le pensez... Monseigneur.

— Que voulez-vous dire? s'écria le prince avec une légère inquiétude, — de quelle condition... voulez-vous parler?

— Dans trois jours d'ici, Monseigneur, jour pour jour... je vous la ferai connaître...

— Comment! — dit le prince stupéfait et

atterré, — encore des retards... comment?... vous ne me donnez pas votre parole définitive?

— Dans trois jours, Monseigneur, je vous la donnerai... si vous acceptez ma condition...

— Mais cette condition... dites-la moi maintenant.

— Impossible... Monseigneur.

— Mon cher monsieur Pascal...

— Monseigneur, — reprit l'autre d'une d'une voix grave et sardonique, — je n'ai point l'habitude... de m'attendrir deux fois de suite dans une séance. Voici l'heure de mon rendez-vous... au faubourg Saint-Marceau ; j'ai l'honneur de présenter mes respectueux devoirs à Votre Altesse Royale.

M. Pascal laissant le prince plein de dépit et d'anxiété, allait atteindre la porte lorsqu'il se retourna et dit :

— C'est aujourd'hui lundi... ce sera donc jeudi à onze heures que j'aurai l'honneur de revoir Votre Altesse Royale, pour lui soumettre ma petite condition.

— Soit, Monsieur, à jeudi...

M. Pascal salua profondément et sortit.

Lorsqu'il passa dans le salon de service où se tenaient les aides-de-camp, tous se levèrent respectueusement, connaissant l'importance du personnage que le prince venait de recevoir. M. Pascal fit à ces officiers un salut de tête protecteur et quitta le palais comme il y était entré, les deux mains dans ses goussets, se donnant le plaisir (cet homme ne perdait rien) de s'arrêter un instant devant la loge du suisse, et de lui dire :

— Eh bien ! monsieur le drôle, me reconnaîtrez-vous... une autre fois ?

Le fonctionnaire de la loge, tout décontenancé, salua profondément et balbutia :

— Oh ! je reconnaîtrai Monsieur maintenant... Je supplie Monsieur de vouloir bien m'excuser...

— Il me supplie, — dit à mi-voix M. Pascal, avec un sourire amer et sardonique, — ils ne savent tous... que supplier... depuis l'altesse royale jusqu'au portier.

M. Pascal, en sortant de l'Élysée, retomba dans ses cruelles préoccupations au sujet de la jeune fille dont il avait surpris le secret accord avec le comte Frantz de Neuberg. Voulant savoir si elle demeurait dans la maison contiguë au palais, il allait tenter de se renseigner, lorsque réfléchissant que c'était peut-être compromettre ses projets, il résolut d'arriver, sans imprudence, au but qu'il se proposait, et d'attendre le soir.

Avisant alors une citadine qui passait à vide, il fit signe au cocher de s'arrêter, monta dans la voiture, et lui dit :

— Faubourg Saint-Marceau, 15, à une grande usine dont on voit la cheminée de la rue...

— L'usine de M. Dutertre? Je sais, bourgeois, je sais ; tout le monde connaît ça...

Le fiacre s'éloigna.

IV

IV

M. Pascal, nous l'avons dit, avait passé une partie de sa vie dans une position plus que subalterne et précaire, dévorant les plus outrageants dédains avec une patience pleine de rancune et de haine.

Né d'un père colporteur, qui s'était amassé

quelque pécule à force de privations et de trafics illicites ou douteux, il avait commencé par être homme de peine chez une espèce d'usurier de province, auquel M. Pascal père confiait le soin de faire valoir son argent.

Les premières années de notre héros s'écoulèrent donc dans une domesticité aussi dure qu'humiliante, néanmoins comme il était doué de beaucoup d'intelligence, d'une grande finesse, et que sa rare opiniâtreté de volonté savait, au besoin, se plier et disparaître sous des dehors d'insinuante bassesse, dissimulation forcément née de l'état de servilité où il vivait, Pascal, à l'insu de son maître, apprit presque tout seul à lire, à écrire, à compter, la faculté des chiffres et des calculs financiers se développa presque spontanément en lui d'une manière merveilleuse. Pressentant sa valeur, il se demanda s'il pouvait, en la cachant, s'en faire un avantage pour lui, et une arme dangereuse contre son maître qu'il abhorrait.

Après mûres réflexions, Pascal crut de son intérêt de révéler l'instruction qu'il avait secrètement acquise ; l'usurier, frappé de la capacité de son homme de peine, le prit alors pour son teneur de livres au rabais, augmenta quelque peu son infime salaire, et continua de le traiter avec un mépris brutal, cherchant même à le ravaler davantage encore que par le passé, afin de ne pas lui laisser soupçonner le cas qu'il faisait de ses nouveaux services.

Pascal, ardent, infatigable au travail, impatient d'augmenter son instruction financière, continua de subir impassiblement les outrages dont on l'abreuvait, redoublant de servilité, à mesure que son maître redoublait de dédains et de duretés.

Au bout de quelques années passées ainsi, il se sentit assez fort pour abandonner la province et venir chercher un théâtre plus digne de lui ; il était entré au nom de son patron en correspondance d'affaires avec un banquier de Paris auquel il offrit ses services ; celui-ci ayant depuis longtemps pu apprécier Pascal, accepta sa proposition, et il quitta sa petite ville au grand regret de son premier maître, qui tenta, mais trop tard, de le retenir en l'intéressant à ses affaires.

Le nouveau patron de notre homme, était chef d'une de ces riches maisons, moralement tarées, mais (et cela n'est pas rare) regardées, commercialement parlant, comme irréprochables, car si ces maisons se livrent à des opérations qui touchent parfois au vol, à la fraude, si elles se sont impunément engraissées par d'ingénieuses faillites, elles font, comme on dit, *honneur à leur signature...* signature pourtant déshonorée dans l'estime des gens de bien.

Fervents adeptes de ce bel axiome qui résume toute notre époque*: ENRICHISSEZ-VOUS !!

---

* Nous rappelons que ceci fut écrit avant la révolution de 1848.

ils siégent fièrement à la *Chambre*, prennent héroïquement le sobriquet d'*honorables* et visent au ministère... Pourquoi non?

Le luxe tant vanté des anciens fermiers-généraux, n'était que misère auprès de la magnificence de M. Thomas Rousselet.

Pascal, transplanté dans cette maison d'une impudente et folle opulence, éprouva des humiliations bien autrement amères et poignantes, que chez son bon vieux coquin d'usurier de province, qui le traitait comme un vil mercenaire, mais avec qui, du moins, il avait des rapports de travail fréquents et presque familiers.

Or, l'on chercherait en vain dans la fierté

nobiliaire la plus altière, dans la vanité aristocratique la plus ridiculement féroce, quelque chose qui pût approcher de l'impérieux et écrasant dédain avec lequel M. et madame Rousselet traitaient leurs subalternes, qu'ils tenaient à une distance incommensurable. Parqués dans leurs sombres bureaux d'où ils voyaient resplendir les somptuosités de l'hôtel Rousselet, les employés de cette maison ne connaissaient que par manière de tradition féerique ou de légende fabuleuse, les fantastiques merveilles de ces salons et de cette salle à manger d'où ils étaient souverainement exclus de par la dignité de madame Rousselet, au moins aussi hautaine, aussi grande dame que la première femme de chambre d'une princesse de *Lorraine* ou de *Rohan*.

Quoique d'un ordre nouveau, ces humiliations n'en furent pas moins terriblement sanglantes pour Pascal ; il sentit là, plus que partout ailleurs, son néant, sa dépendance ; et le joug de l'opulent banquier le blessa bien plus à vif, bien plus profondément, que celui de l'usurier ; mais notre homme, fidèle à son système, cacha ses plaies, sourit aux coups, lécha la botte vernie qui parfois daignait s'amuser à le crosser ; redoubla de travail, d'étude, de pénétration, et apprit enfin dans la pratique de cette maison ce qu'il regardait comme la vraie science des affaires, en un mot :

« Gagner, avec le moins d'argent possible,
« le plus d'argent possible, par tous les
« moyens possibles, en se sauvegardant ri-

« goureusement de la police correction-
« nelle et des assises. »

La marge est grande ; on pouvait, on le voit, y évoluer fort à l'aise.

Cinq ou six ans se passèrent encore ainsi ; l'esprit recule effrayé, lorsqu'on songe à ce qui dut s'amasser de rancunes, de haines, de colères, de fiel, de venin, dans les abîmes de cette âme froidement vindicative... toujours calme au dehors, comme la noire et morne surface d'un marais fangeux.

Un jour M. Pascal apprit la mort de son père.

Les économies du colporteur, considérablement grossies par de savantes manipulations usuraires, avaient atteint un chiffre fort élevé ; une fois maître de ce capital, et fort de son activité, de son audace de son rare *savoir-faire,* ou plutôt de son *savoir-prendre,* Pascal se jura sur l'honneur d'arriver à une grande fortune, dût-il, pour parvenir plus vite (il faut bien risquer quelque chose) sortir un peu, si besoin était, de l'étroit et droit chemin de la légalité.

Notre homme se tint à soi-même son serment. Il quitta la maison Rousselet ; puis l'habileté, le hasard, la fraude, le bonheur, la ruse et la probité de l'époque aidant, il gagna des sommes importantes ; paya comptant l'amitié d'un ministre, qui, le renseignant avec une tendre sollicitude, le mit à même de jouer, à coup sûr, au trente-et-quarante de la bourse, et d'encaisser ainsi près de deux millions; peu de temps après, un courtier d'affaires anglais, très aventureux, mais très intelligent, lui fit entrevoir la possibilité de réaliser d'immenses bénéfices en se jetant avec audace dans les opérations de chemins de fer, alors toutes nouvelles en Angleterre; Pascal se rendit à Londres, sut profiter d'un engouement qui prit bientôt des proportions inouïes, joua toute sa fortune sur ce coup de dé, et, réalisant à temps, il revint en France avec une quinzaine de millions. Alors, aussi prudent, aussi froid qu'il avait été aventureux, et doué d'ailleurs de grandes facultés financières, il ne songea plus qu'à continuellement augmenter cette fortune inespérée ; il y parvint, profitant de toute occasion avec une rare habilité, vivant d'ailleurs largement, confortablement, satisfaisant à tous prix ses nombreux caprices sensuels, mais n'affichant aucun luxe extérieur ou intérieur et dînant au cabaret. De la sorte, il dépensait à peine la cinquième partie de ses revenus qui, se capitalisant chaque année, augmentaient incessamment sa fortune que d'habiles opérations accroissaient encore.

Alors, nous l'avons dit, vint pour Pascal le grand et terrible jour des représailles.

Cette âme, endurcie par tant d'années d'abaissement et de haines, devint implacable et trouva mille voluptés cruelles à faire sentir aux autres la pesanteur de ce joug d'argent qu'il avait si longtemps porté.

Ce dont il avait surtout souffert, c'était de la dépendance, du servage, de l'annihilation complète du *moi,* où il avait été tenu si longtemps, obligé de subir sans murmurer les rudesses, les dédains de ses opulents patrons.

Ce fut cette dure dépendance qu'il prit plaisir à imposer aux autres : à ceux-ci en exploitant leur servilité naturelle, à ceux-là en les soumettant à une implacable nécessité, symbolisant ainsi en lui la toute-puissance de l'*argent,* dans ce siècle vénal ; tenant ainsi en sa dépendance presque absolue, depuis le petit marchand qu'il commanditait, jusqu'au prince du sang royal, qui s'humiliait pour obtenir un emprunt.

Ce despotisme effrayant, que l'homme qui *prête* peut exercer sur l'homme que les besoins du moment forcent à l'*emprunt*, M. Pascal l'exerçait et le savourait avec des raffinements et des délicatesses de barbarie incroyables.

On a parlé du pouvoir de *Satan* sur les âmes. Satan accepté, M. Pascal pouvait perdre ou torturer autant et plus d'âmes que Satan.

Une fois dans sa dépendance, par un crédit, par un emprunt ou par une commandite, accordés d'ailleurs avec une parfaite bonhomie et souvent même offerts avec un perfide semblant de générosité (mais toujours sur de solides garanties morales ou matérielles), l'on ne s'appartenait plus, on avait, comme on dit, *vendu son âme à Satan-Pascal.*

Il procédait à ces marchés avec une infernale habileté.

Un moment de crise commerciale arrivait-il, les capitaux devenaient, ou introuvables, ou d'un intérêt si exorbitant, que des commerçants très solvables, très probes d'ailleurs, se voyaient dans un embarras extrême, souvent à la veille d'une faillite. M. Pascal, parfaitement renseigné, certain d'être couvert de ses avances par les marchandises ou le matériel de l'exploitation, accordait ou proposait ses services à un intérêt d'une modération incroyable pour la circonstance, mais déjà fort lucratif pour lui ; seulement il mettait à ce prêt la condition expresse d'un remboursement *à sa volonté,* se hâtant d'ajouter : qu'il n'userait pas de ce droit ; son avantage étant de n'en pas user, puisque le placement lui offrait évidemment des bénéfices ; sa grande fortune garantissait, d'ailleurs, le peu de besoin qu'il avait d'une rentrée immédiate de cinquante ou de cent mille écus ; mais par habitude, par bizarrerie si l'on voulait, ajoutait-il, il tenait expressément à ne prêter qu'à cette condition : *de rembourser à sa volonté.*

L'alternative était cruelle pour les malheureux que tentait Satan-Pascal : d'un côté, la ruine d'une industrie jusqu'alors prospère ; de l'autre, un secours inespéré et si peu onéreux, qu'il pouvait passer pour un généreux service, la presque impossibilité de trouver ailleurs des capitaux, même à un taux ruineux, et puis la confiance que savait inspirer M. Pascal, rendaient la tentation bien puissante ; elle était achevée par la bonhomie insinuante de l'archi-millionnaire, si jaloux, disait-il, de venir, en manière de providence financière, à l'aide de gens laborieux et honnêtes.

Tout concourait, en un mot, à étourdir ces imprudents ; ils acceptaient...

Pascal, dès lors, *les possédait*.

Une fois sous le coup d'un remboursement considérable, qui pouvait à chaque instant les rejeter dans la position désespérée dont ils étaient sortis, il n'avaient plus qu'un but, complaire à M. Pascal... qu'une crainte, déplaire à M. Pascal, qui ainsi disposait en maître de leur sort.

Souvent notre Satan n'usait pas tout d'abord de son pouvoir, et, par un raffinement de méchanceté sardonique, il commençait par jouer au *bonhomme,* au bienfaiteur, se complaisant, avec une satisfaction ironique, au milieu des bénédictions dont on le comblait, laissant ainsi longtemps ses victimes s'habituer à leur erreur ; puis, peu à peu, selon son humeur, son caprice du moment, il se révélait progressivement, n'employant jamais les menaces, la rudesse ou l'emportement, affectant au contraire une doucereuse perfidie, qui parfois, en raison même du contraste, devenait effrayante.

Les circonstances en apparence les plus insignifiantes, les plus puériles, lui offraient mille moyens de tourmenter les personnes qu'il tenait dans sa redoutable dépendance.

Ainsi, par exemple, il arrivait chez un de ses *vassaux;* celui-ci allait partir avec sa femme et ses enfants, pour se rendre gaîment à quelque fête de famille longtemps préparée à l'avance.

— Je viens dîner sans façon avec vous, mes bons amis, — disait Satan.

— Mon Dieu, monsieur Pascal, quels regrets nous avons ! C'est aujourd'hui la fête de ma mère, et, vous le voyez, nous partons pour aller dîner chez elle, c'est un anniversaire que jamais nous ne manquons de célébrer.

— Ah ! c'est très contrariant, moi qui espérais passer ma soirée avec vous.

— Et pour nous donc, monsieur Pascal, croyez-vous que la contrariété soit moins vive?

— Bah!.. vous me sacrifierez bien votre

fête de famille! Après tout... votre mère ne mourra point de n'être pas fêtée...

— Oh! mon bon monsieur Pascal, c'est impossible; ce serait la première fois, depuis notre mariage, que nous manquerions à cette petite solennité de famille.

— Allons, vous ferez bien cela pour moi?

— Mais, monsieur Pascal...

— Je vous dis, moi, que vous ferez cela pour votre bon M. Pascal, n'est-ce pas?

— Nous le voudrions de tout cœur... mais...

— Comment?... vous me refusez cela... *à moi*... pour la première chose que je vous demande...

Et M. Pascal mettait une telle expression dans ce mot *à moi,* que toute cette famille tressaillait soudain; — *elle sentait,* — comme on dit vulgairement, *son maître,* — et, tout en ne concevant rien à l'étrange caprice du capitaliste, elle s'y soumettait tristement, afin de ne pas indisposer l'homme redoutable dont elle dépendait. On se résignait donc, on improvisait un dîner. On tâchait de sourire, d'avoir l'air joyeux, et de ne pas regretter cette fête de famille à laquelle on renonçait; mais bientôt une crainte vague commençait de resserrer les cœurs; le dîner devenait de plus en plus triste, contraint.

M. Pascal s'étonnait doucereusement de cet embarras et s'en plaignait en soupirant :

— Allons, — disait-il, — je vous aurai contrariés ; vous me gardez rancune, hélas ! je le vois.

— Ah ! monsieur Pascal ? — s'écriaient les malheureux de plus en plus inquiets ; — pouvez-vous concevoir une pareille pensée ?

— Oh ! je ne me trompe pas, je le vois... je le *sens*... car mon cœur me le dit... Eh ! mon Dieu ! ce que c'est !... C'est toujours un grand tort de mettre les amitiés à l'épreuve, même pour les plus petites choses... car elles servent quelquefois à mesurer les grandes... Moi... moi... qui comptais sur vous comme sur de vrais et bons amis!... Encore une déception peut-être?

Et Satan-Pascal passait sa main sur ses yeux, se levait de table, et sortait de la maison d'un air contrit, affligé, laissant ces malheureux dans de terribles angoisses... car s'il ne croit plus à leur amitié, s'il les croit ingrats, il peut, d'un moment à l'autre, les replonger dans l'abîme, en leur redemandant un argent si généreusement offert... La reconnaissance qu'il attendait d'eux pouvait seule leur assurer son appui continu.

Nous avons insisté sur ces circonstances, qui sembleront puériles peut-être, et dont le résultat est pourtant si cruel, parce que nous avons voulu montrer, pour ainsi dire, le premier échelon des tourments que M. Pascal faisait subir à ses victimes...

Que l'on juge, d'après cela, de tous les degrés de torture auxquels il était capable de les exposer, lorsqu'un fait si insignifiant en soi qu'une fête de famille manquée, offrait tant de pâture à sa barbarie raffinée.

C'était un monstre... soit.

Il est malhereusement des Néron de tout étage et de toute époque; mais qui oserait dire que Pascal eût jamais atteint ce degré de perversité sans des exemples pernicieux, sans les terribles ressentiments depuis si longtemps amassés dans son âme irritée par la dépendance la plus dégradante?

Le mot *représailles* n'excuse pas la férocité de cet homme ; elle l'explique. L'homme ne devient presque jamais méchant sans cause... le mal a toujours son générateur dans *le mal.*

. . . .

M. Pascal ainsi posé, nous le précéderons d'une heure environ chez M. Charles Dutertre.

V

V

L'usine de M. Dutertre, destinée à la fabrication des machines pour les chemins de fer, occupait un immense emplacement dans le faubourg Saint-Marceau, et les hautes cheminées de briques, incessamment fumantes, la désignaient au loin.

M. Dutertre et sa famille habitaient un

petit pavillon séparé des bâtiments d'exploitation par un vaste jardin.

Au moment où nous introduisons le lecteur dans cette modeste demeure, un air de fête y régnait ; l'on semblait s'y occuper de préparatifs hospitaliers, une jeune et active servante achevait de dresser le couvert au milieu de la petite salle à manger dont la fenêtre ouvrait sur le jardin et qui avoisinait une cuisine assez exiguë, séparée seulement du palier par un vitrage de carreaux dépolis ; une vieille cuisinière allait et venait d'un air affairé, au milieu de ce laboratoire culinaire, d'où s'échappaient des bouffées de vapeurs appétissantes qui se répandaient parfois jusque dans la salle à manger.

Au salon, garni de meubles de noyer recouverts de velours d'Utrecht jaune, et de rideaux de calicot blanc, l'on faisait d'autres préparatifs : deux vases de porcelaine blanche, ornant la cheminée, venaient d'être remplis de fleurs fraîches ; entre ces deux vases, et remplaçant la pendule, on apercevait sous un globe de verre, une petite locomotive en miniature, véritable chef-d'œuvre de mécanique et de serrurerie ; sur le socle noir de ce bijou de fer, de cuivre et d'acier, on voyait ces mots gravés :

A M. CHARLES DUTERTRE,

ses ouvriers reconnaissants.

Téniers ou Gérard Dow auraient fait un

charmant tableau d'un groupe de figures alors réunies dans ce salon.

Un vieillard aveugle, à figure vénérable et mélancolique, encadrée par de longs cheveux blancs, tombant sur ses épaules, était assis dans un fauteuil, et tenait deux enfants sur ses genoux : un petit garçon de trois ans et une petite fille de cinq ans, deux anges de gentillesse et de grâce.

Le petit garçon, brun et rose, avec de grands yeux noirs veloutés, n'était pas sans jeter de temps à autre un regard satisfait et méditatif sur sa jolie blouse de casimir bleu clair, sur son frais pantalon blanc ; mais il semblait surtout se délecter dans la contemplation de certains bas de soie blancs rayés de cramoisi, et encadrés par des souliers de maroquin noir à bouffettes.

La petite fille, nommée Madeleine, en souvenir d'une amie intime de sa mère, qui avait servi de marraine à l'enfant, la petite fille, disons-nous, blonde et rose, avait de charmants yeux bleus, et portait une jolie robe blanche ; ses épaules, ses bras étaient nus, ses jambes seulement à demi-couvertes par de mignonnes chaussettes écossaises. Dire combien il y avait de fossettes sur ces épaules, sur ces bras, sur ces joues potelées, d'une carnation si fraîche et si satinée, une mère seule en saurait le compte, à force de les baiser souvent, de ces fossettes, et la mère de ces deux charmants enfants devait le savoir.

Debout et appuyée au dossier du fauteuil du vieillard aveugle, madame Dutertre écoutait avec la gravité qu'une mère apporte toujours en pareil cas, le ramage des deux oiseaux gazouilleurs que le grand-père tenait sur ses genoux, et qui, sans doute, l'entretenaient de quelque chose de bien intéressant, car ils parlaient tous deux à la fois, dans ce jargon enfantin que les mères traduisent avec une rare sagacité.

Madame Sophie Dutertre avait au plus vingt-cinq ans; quoiqu'elle fût légèrement marquée de petite vérole, que l'on pût rencontrer des traits plus réguliers et beaucoup plus beaux que les siens, il était impossible d'imaginer une physionomie plus gracieusement ouverte et plus attrayante... un sourire plus avenant et plus fin; c'était l'idéal du charme et de la bienveillance. De superbes cheveux, des dents de perles, une peau éblouissante, une taille élégante, complétaient cet aimable ensemble; et lorsqu'elle levait ses grands yeux bruns limpides et brillants vers son mari, alors debout de l'autre côté du fauteuil du vieillard aveugle, l'amour et la maternité donnaient à ce beau regard une expression à la fois touchante et passionnée, car le mariage de Sophie et de Charles Dutertre avait été un mariage d'amour.

Le seul reproche... est-ce un reproche que l'on avait pu adresser à Sophie Dutertre, car elle n'avait de coquetterie que pour la mise de ses enfants? c'était la complète inintelligence de sa toilette. Une robe d'étoffe mal choisie et mal faite déparait sa taille élégante; son petit pied n'était pas irréprochablement chaussé, et ses superbes cheveux bruns auraient pu être disposés avec plus de goût et de soin.

Franchise et résolution, intelligence et bonté, tel était le caractère des traits de M. Dutertre, alors âgé de vingt-huit ans environ; son œil vif et plein de feu, sa stature robuste et svelte, annonçaient une nature active, énergique. Ancien ingénieur civil, homme de haute science et d'application, aussi capable de résoudre avec la plume les problèmes les plus ardus, que de manier dextrement la lime, le tour et le marteau de fer, sachant commander, parce qu'il savait exécuter, honorant, rehaussant le travail manuel, en le pratiquant parfois, soit comme exemple, soit comme encouragement, probe jusqu'au scrupule, loyal et confiant jusqu'à la témérité, paternel, ferme et juste avec ses nombreux ouvriers ; de mœurs d'une simplicité antique, ardent au labeur, amoureux de ses *créatures* de fer, de cuivre et d'acier, sa vie s'était jusqu'alors partagée entre les trois plus grands bonheurs de l'homme, — *l'amour,* — *la famille,* — *le travail.*

Charles Dutertre n'avait qu'un chagrin : la cécité de son père, et encore cette infirmité était le prétexte de dévouements si tendres, de soins si délicats et si variés, que Dutertre et sa femme tâchaient de se consoler en disant : — qu'au moins il leur était donné de prouver doublement leur tendresse au vieillard. Malgré les apprêts de fête, Charles Dutertre avait remis au lendedemain le soin de se raser, et avait gardé son habit de travail, blouse de toile grise, çà et là noircie, brûlée ou maculée par les accidents de la forge. Son front noble et élevé, ses mains à la fois blanches et nerveuses, étaient quelque peu noircis par la fumée des ateliers. Il oubliait enfin, dans sa laborieuse et incessante activité, ou dans les moments de repos réparateur qui succédaient, ce soin, sinon cette recherche de soi auxquels certains hommes, et avec raison, ne renoncent jamais.

Tels étaient les personnages rassemblés

dans le modeste salon de la fabrique.

Les deux enfants gazouillaient toujours, tous deux à la fois, tâchant de se faire comprendre du grand-père ; il y mettait d'ailleurs la meilleure volonté du monde, et leur demandait, en souriant doucement :

— Voyons, que dis-tu... mon petit Auguste... et toi, ma petite Madeleine ?

— Madame l'interprète veut-elle nous faire la grâce de nous traduire ce gentil ramage en langue vulgaire ? — dit gaîment Charles Dutertre à sa femme.

—Comment, Charles, tu ne comprends pas ?

— Pas du tout.

— Ni vous, mon bon père? demanda la jeune femme au vieillard.

— J'avais bien cru d'abord entendre quelque chose comme *dimanche* et *habit*, — répondit le vieillard en souriant, — mais cela s'est ensuite tellement compliqué, que j'ai renoncé... à comprendre, ou plutôt... à deviner...

— C'était pourtant à peu près cela ; allons, il n'y a que les mères et les grands-pères pour comprendre les petits enfants, — dit Sophie d'un air triomphant.

Puis s'adressant aux deux enfants :

— N'est-ce pas, chers petits, que vous dites à votre grand-père... « C'est aujourd'hui di-
« manche, puisque nous avons nos beaux
« habits neufs ? »

Madeleine, la blondinette, ouvrit ses grands yeux bleus tout grands, et baissa sa tête frisée, d'un air affirmatif.

— Tu es le Champollion des mères ! — s'écria Charles Dutertre, tandis que le vieillard disait aux deux enfants :

— Non... ce n'est pas aujourd'hui dimanche, mes enfants... mais c'est un jour de fête...

Ici Sophie fut obligée d'intervenir de nouveau, et de traduire encore :

— Ils demandent pourquoi c'est fête, mon bon père.

— Parce que nous allons voir un ami...— reprit le vieillard avec un sourire un peu contraint... — et, quand un ami vient, c'est toujours fête... mes enfants.

— A propos, et la bourse ? — dit Dutertre à sa femme.

— Tenez, Monsieur, — répondit gaîment Sophie à son mari, en lui indiquant du geste sur la table une petite boîte de carton, entourée d'une faveur rose, — croyez-vous que j'oublie plus que vous notre bon M. Pascal, notre digne bienfaiteur ?

Le grand-père, s'adressant alors à la petite Madeleine, lui dit en la baisant au front :

— On attend M. Pascal... tu sais... M. Pascal.

Madeleine ouvrit de nouveau ses grands yeux ; sa figure prit une expression presque craintive, et, secouant tristement sa petite tête bouclée, elle dit :

— Il est méchant....

— M. Pascal!... — dit Sophie.

— Oh!... oui... bien méchant! — répondit l'enfant.

— Mais, — reprit la jeune mère, — pourquoi... penses-tu, ma petite Madeleine, que M. Pascal... est méchant?

— Allons, Sophie, — dit Charles Dutertre en souriant, — ne vas-tu pas t'arrêter à ces enfantillages au sujet de notre digne ami?

Chose assez singulière, la physionomie du vieillard prit une vague expression d'inquiétude, et, soit qu'il crût à la sûreté de l'instinct ou de la pénétration des enfants, soit qu'il obéît à une autre pensée, loin de plaisanter, comme son fils, des paroles de Madeleine, il lui dit, en se penchant vers elle :

—Dis-nous, mon enfant, pourquoi M. Pascal est méchant ?

La blondinette secoua la tête, et répondit naïvement :

— Sais pas... Mais, bien sûr, il est méchant.

Sophie, qui pensait un peu comme le grand-père au sujet de la singulière sagacité des enfants, ne put s'empêcher de tressaillir légèrement ; car il est des rapports secrets, mystérieux, entre la mère et les créatures de son sang ; un indéfinissable pressentiment contre lequel Sophie lutta pourtant de toutes ses forces, car elle le trouvait injustifiable, insensé, lui disait que l'instinct de sa petite fille ne la trompait peut-être pas à l'endroit de M. Pascal, quoique jusqu'alors la jeune mère, loin d'avoir le moindre soupçon sur cet homme, le regardât, au contraire, en le jugeant d'après ses actes, comme un homme d'un caractère rempli de noblesse et de générosité.

Charles Dutertre, ne se doutant pas des impressions de sa femme et de son père, reprit en riant :

— C'est moi qui vais faire à mon tour la leçon à ce grand-père et à cette mère qui se prétendent si entendus au jargon et aux sentiments des enfants... Notre excellent ami à l'écorce rude, les sourcils épais, la barbe noire, la figure brune, la parole brusque... c'est, en un mot, une sorte de *bourru bienfaisant.* Il n'en faut pas davantage pour lui mériter le titre *méchant* de par l'autorité du jugement de cette blondinette.

A ce moment la jeune servante entra et dit à sa maîtresse :

— Madame... mademoiselle Hubert est là avec sa domestique, et...

— Antonine ?... quel bonheur !... — dit

Sophie en se levant vivement pour aller au-devant de la jeune fille.

— Madame... — ajouta mystérieusement la servante, — Agathe demande si M. Pascal aime les pois au sucre ou au lard?

— Charles! — dit gaîment Sophie à son mari, — c'est grave... qu'en penses-tu?

— Il faut faire un plat de pois au sucre et un plat de pois au lard, — répondit Charles, d'un air méditatif.

— Il n'y a que les mathématiciens pour résoudre les problèmes, — reprit Sophie; puis, emmenant ses deux enfants par la main, elle ajouta :

— Je veux faire voir à Antonine cemme ils sont embellis et grandis.

— Mais j'espère bien, — dit M. Dutertre, — que tu prieras mademoiselle Hubert de monter ici... sinon j'irais la chercher !

— Je vais conduire les enfants à leur bonne et je remonte avec Antonine.

— Charles, — dit le vieillard en se levant lorsque la jeune femme eut disparu, — donne-moi ton bras, je te prie.

— Volontiers, mon père ; mais M. Pascal ne peut tarder à arriver.

— Et tu tiens... à ce que je sois là, mon ami ?...

— Vous savez, mon père, tout le respect que notre ami a pour vous, et combien il est heureux de vous le témoigner.

Après un moment de silence, le vieillard reprit :

— Sais-tu que, depuis que tu l'as chassé, ton ancien caissier Marcelange est souvent allé voir M. Pascal?

— Voilà, mon père, la première nouvelle que j'en apprends...

— Cela ne te paraît pas singulier?

— En effet...

— Ecoute-moi... Charles... je...

— Pardon, mon père, — reprit Dutertre en interrompant le vieillard, — maintenant, j'y songe : rien de plus naturel, je n'ai pas vu notre ami depuis que j'ai renvoyé Marcelange ; celui-ci n'ignore pas mon amitié pour M. Pascal, et il sera peut-être allé le voir pour le prier d'intercéder auprès de moi.

— Cela peut s'expliquer ainsi, — dit le vieillard en réfléchissant. — Cependant...

— Eh bien ! mon père...

— L'impression de ta petite fille... m'a tout à l'heure frappé.

— Allons, mon père, — reprit Dutertre en souriant, — vous dites cela pour faire votre cour à ma femme... Malheureusement elle ne peut pas vous entendre. Mais je lui rapporterai votre coquetterie pour elle...

— Je dis cela, Charles, — reprit le vieillard d'un ton triste, — parce que, si puérile qu'elle te paraisse, l'impression de ta petite fille... me semble d'une certaine gravité, et quand je la rapproche de quelques circonstances qui me viennent à cette heure à l'esprit, quand je songe enfin aux fréquentes entrevues de Marcelange et de M. Pascal, malgré moi, je te l'avoue, je ressens à son égard une vague défiance.

— Mon père... mon père... — reprit Charles Dutertre avec émotion, — sans le vouloir... et par tendresse pour moi... vous m'affligez beaucoup... Douter de M. Pascal... douter de notre généreux bienfaiteur... Ah! tenez, mon père... vrai... voilà le premier chagrin que j'aie ressenti depuis longtemps... Se défier sans preuves... subir l'influence de la fugitive impression d'un enfant, — ajouta Dutertre avec la chaleur de son généreux naturel, — cela est injuste... aussi...

— Charles... — dit le vieillard, blessé de la vivacité de son fils.

— Pardon... pardon, mon bon et excellent père, — s'écria Dutertre, en prenant les mains du vieillard entre les siennes. — J'ai été vif... excusez-moi... mais un moment l'amitié a parlé plus haut que mon respect pour vous..

— Mon pauvre Charles, — répondit affectueusement le vieillard, — fasse le ciel que tu aies raison contre moi... et, loin de me plaindre de ta vivacité, j'en suis heureux. Mais j'entends quelqu'un... viens, reconduis-moi.

Au moment où M. Dutertre refermait la porte de la chambre où il avait ramené l'aveugle, mademoiselle Antonine Hubert entrait dans le salon, accompagnée de madame Dutertre.

VI

VI

Que l'on nous pardonne la *mythologie* de cette comparaison surannée, mais jamais l'Hébé qui servait d'échanson à l'Olympe païen, n'a pu réunir plus de fraîcheur, d'éclat dans sa beauté surhumaine que n'en réunissait, dans sa modeste beauté terrestre, mademoiselle Antonine Hubert, dont M. Pascal avait surpris le secret et amoureux accord avec Frantz.

Ce qui charmait le plus dans cette jeune fille, c'était surtout cette beauté de quinze ans et demi, à peine épanouie, qui tient de l'enfant par la candeur, par la grâce ingénue, et de la jeune fille par les charmes voluptueusement naissants ; âge enchanteur encore plein de mystères et de chastes ignorances, aube encore pure, transparente et blanche, que les premières palpitations d'un cœur innocent vont nuancer d'un coloris vermeil...

Tel était l'âge d'Antonine : et elle avait le charme et tous les charmes de cet âge.

Afin d'*humaniser* notre Hébé, nous la ferons descendre de son piédestal antique, et, voilant modestement son joli corps de marbre rosé, aux formes si délicates, si virginales, nous la vêtirons d'une élégante robe d'été ; un mantelet de soie noire cachera son buste d'une finesse de contours toute juvénile, tandis qu'un chapeau de paille, doublé de taffetas rose comme ses joues, laissant apercevoir ses bandeaux de cheveux d'un châtain très clair, encadrera l'ovale de cette ravissante petite tête, d'une carnation aussi fraîche, aussi blanche, aussi satinée, que celle des enfants que la jeune fille venait d'embrasser.

En entrant dans le salon avec Sophie, mademoiselle Hubert rougit légèrement, car elle avait la timidité de ses quinze ans ; puis, mise à l'aise par le cordial accueil de Dutertre et de sa femme, elle dit à celle-ci avec une sorte de déférence puisée dans leurs anciennes relations de *petite* et de *mère*, ainsi qu'on disait au pensionnat où elles avaient été élevées ensemble, malgré leur différence d'âge :

— Vous ne savez pas la bonne fortune qui m'amène, ma chère Sophie ?

— Une bonne fortune !... tant mieux, ma petite Antonine.

— Une lettre de *Sainte-Madeleine*... — reprit la jeune fille en tirant une enveloppe de sa poche.

— Vraiment! — s'écria Sophie, rougissant de surprise et de joie, en tendant impatiemment la main vers la lettre.

— Comment, mademoiselle Antonine, — reprit gaîment Charles Dutertre, — vous êtes en correspondance avec le paradis?... cela, il est vrai, ne doit pas m'étonner... cependant.

— Taisez-vous, Monsieur le railleur, — reprit Sophie, — et ne plaisantez pas de notre meilleure amie... à Antonine et à moi...

— Je m'en garderai bien... Pourtant, ce nom de *Sainte-Madeleine?*

— Comment! Charles? est-ce que je ne

t'ai pas mille fois parlé de mon amie de pension... mademoiselle Madeleine Silveyra, qui, vu son absence, a été, par procuration, marraine de notre chère petite? A quoi songes-tu donc?

— J'ai très bonne mémoire, au contraire, ma chère Sophie, — reprit Dutertre; car je n'ai pas oublié que cette jeune Mexicaine était d'une beauté si singulière, si étrange, disais-tu, qu'elle inspirait, au moins, autant de surprise et d'attrait que d'admiration.

— C'est d'elle-même qu'il s'agit, mon ami; après moi, Madeleine a servi de *petite mère* à Antonine, ainsi que nous disions à la pension, où l'on confiait aux soins de chaque *grande*, un enfant de dix ou onze ans... Aussi, en quittant notre maison d'éducation, j'ai légué cette chère Antonine à l'affection de *Saint-Madeleine*.

— C'est justement le surnom qui a causé mon erreur, — reprit Dutertre, — surnom qui, je l'avoue, me semble très ambitieux ou très humble pour une si jolie personne, car elle doit être à peu près de ton âge.

— On a donné à Madeleine le surnom de *sainte* à la pension, parce qu'elle le méritait, monsieur Dutertre, — reprit Antonine avec son grand sérieux de quinze ans ; — et pendant les deux années qu'elle a été ma *petite mère*, on a continué de l'appeler *Sainte-Madeleine* comme du temps de Sophie.

— C'était donc une bien austère dévote, que mademoiselle *Sainte-Madeleine?* — demanda Dutertre.

— Madeleine, comme presque toutes les personnes de son pays (nous avions francisé son nom de *Magdalena*) s'adonnait à une dévotion particulière. Elle avait choisi le Christ; et son adoration pour le Sauveur allait parfois jusqu'à l'extase, — reprit Sophie. — Du reste, elle alliait à cette dévotion ardente, le caractère le plus affectueux, le cœur le plus chaleureux, et l'esprit le plus piquant, le plus enjoué, du monde... Mais, je t'en prie, Charles, laisse-moi lire sa lettre... je suis d'une impatience!... tu juges? la première lettre après deux ans de séparation! Nous voulions, Antonine et moi, lui garder rancune de son silence; mais, au premier souvenir de cette méchante *Sainte-Madeleine*, nous voici, tu le vois, désarmées...

Et prenant la lettre que mademoiselle Hubert venait de lui remettre, Sophie reprit avec émotion, à mesure qu'elle lisait :

— Chère Madeleine... toujours affectueuse et tendre... toujours spirituelle et gaie, toujours sensible aux chers souvenirs du passé... Après quelques jours de repos à Marseille, à son arrivée de Venise... d'où elle vient, elle part pour Paris, presque en même temps que sa lettre... et elle ne pense qu'au bonheur de revoir Sophie, son amie... et Antonine, notre *petite fille*... à qui elle écrit en hâte pour nous deux : et elle signe comme à la pension :

Sainte-Madeleine.

— Elle n'est donc pas encore mariée? — demanda Charles Dutertre.

— Je n'en sais rien, mon ami, — reprit sa femme, — puisqu'elle signe seulement son nom de baptême.

— Au fait, — reprit Charles en souriant, — pouvais-je faire une pareille question? une *sainte*... se marier!

A cet instant la jeune servante entra, et,

restant au seuil de la porte, fit un signe d'intelligence à sa maîtresse ; mais celle-ci répondit :

— Vous pouvez parler, Julie, Mademoiselle Antonine n'est-elle pas de la famille ?

— Madame, — dit la servante, — Agathe demande si elle peut toujours mettre le poulet à la broche, quoique M. Pascal n'arrive pas.

— Certainement, — dit madame Dutertre, — M. Pascal est un peu en retard, mais, je n'en doute pas, il sera ici d'un instant à l'autre.

— Vous attendez donc quelqu'un, Sophie,

— dit Antonine lorsque la servante se retira, — alors, au revoir... — ajouta la jeune fille avec un léger soupir, je ne venais pas seulement pour vous apporter la lettre de *Sainte-Madeleine*... je désirais longuement causer avec vous... je reviendrai demain, ma chère Sophie.

— Mais pas du tout, ma petite Antonine, j'use de mon autorité d'ancienne *mère* pour retenir ma chère fille à déjeûner avec nous... C'est une espèce de fête de famille... Est-ce que ta place n'y est pas marquée, mon enfant?

— Allons, mademoiselle Antonine, — dit Charles, — faites-nous ce sacrifice.

— Vous êtes mille fois bon, monsieur Dutertre ; mais, en vérité, je ne puis accepter.

— Alors, — reprit-il, — je vais employer les grands moyens de séduction ; en un mot, mademoiselle Antonine, si vous nous faites le plaisir de rester, vous verrez l'homme généreux qui, de lui-même, est venu à notre secours il y a aujourd'hui un an ; car c'est l'anniversaire de cette noble action que nous fêtons.

Sophie, ayant oublié l'espèce de pressentiment éveillé en elle par les paroles de sa petite fille, ajouta :

— Oui, ma petite Antonine, lors de ce

moment de crise désastreuse et de si pénible gêne dans les affaires, M. Pascal a dit à Charles : « Monsieur, je ne vous connais pas per-
« sonnellement, mais je sais que vous êtes
« aussi probe qu'intelligent et laborieux.
« Vous avez besoin de cinquante mille écus
« pour faire face à vos affaires ; je vous les
« offre en ami... acceptez-les... en ami ;
« quant aux conditions d'intérêts, nous les
« règlerons plus tard et encore... en ami.

— En effet, dit Antonine, — c'était noblement agir.

— Oui, — reprit M. Dutertre avec une émotion profonde, — car ce n'est pas seulement mon industrie qu'il sauvait, qu'il assurait, c'était le travail des nombreux ouvriers que j'emploie... c'était le repos de la vieillesse de mon père, le bonheur de ma femme, l'avenir de mes enfants... Oh! restez, restez, mademoiselle Antonine..... C'est si rare, c'est si doux, la contemplation d'un homme de bien... mais tenez, le voilà, — ajouta M. Dutertre en voyant passer M. Pascal devant la fenêtre du salon.

— Je suis bien touchée de ce que Sophie et vous, venez de m'apprendre, monsieur Dutertre, et je regrette de ne pouvoir me trouver avec l'homme généreux à qui vous devez autant... mais le déjeûner me mènerait trop loin... il faut que je rentre de bonne heure... Mon oncle m'attend, il a été cette nuit encore très souffrant; dans ses moments de crise douloureuse, il désire toujours que je sois près de lui... et cette crise peut revenir d'un moment à l'autre.

Puis, tendant la main à Sophie, la jeune fille ajouta :

— Je pourrai bientôt vous revoir, n'est-ce pas ?

— Demain ou après-demain, ma chère petite Antonine, j'irai chez toi, et nous causerons aussi longuement que tu le désireras.

La porte s'ouvrit : M. Pascal entra.

Antonine embrassa son amie, et celle-ci

dit au financier avec une affectueuse cordialité :

— Vous me permettez, n'est-ce pas, monsieur Pascal, de reconduire Mademoiselle?... Je n'ai pas besoin de vous dire combien j'ai hâte de revenir...

— Pas de façons, je vous prie, ma chère madame Dutertre, — balbutia M. Pascal, malgré son assurance, stupéfait qu'il était de rencontrer encore Antonine qu'il suivit d'un sombre et ardent regard jusqu'à ce qu'elle eut quitté la chambre.

VII

VII

M. Pascal, à l'aspect d'Antonine, qu'il voyait pour la seconde fois dans la matinée, était, nous l'avons dit, resté un instant stupéfait de surprise et d'admiration devant cette beauté si candide, si pure.

— Enfin! vous voilà donc! — dit Charles

Dutertre avec expansion, en tendant ses deux mains à M. Pascal, lorsqu'il se trouva seul avec lui. — Savez-vous que nous commencions à douter de votre exactitude?... Toute la semaine, ma femme et moi nous nous faisions une joie de cette matinée... car, après l'anniversaire de la naissance de nos enfants... le jour que nous fêtons avec le plus de bonheur, c'est celui d'où a daté, grâce à vous, la sécurité de leur avenir. C'est si bon, si doux de se sentir, par la reconnaissance et par le cœur, à la hauteur d'un de ces actes généreux qui honorent autant celui qui offre que celui qui accepte!

M. Pascal ne parut pas avoir entendu ces paroles de M. Dutertre, et lui dit :

— Quelle est donc cette toute jeune fille qui sort d'ici ?

— Mademoiselle Antonine Hubert.

— Est-ce qu'elle serait parente du président Hubert, qui a été dernièrement si malade?

— C'est sa nièce...

— Ah ! — fit Pascal en réfléchissant.

— Vous savez que si mon père n'était pas des nôtres, — reprit M. Dutertre en souriant, — notre petite fête ne serait pas complète. Je vais l'avertir de votre arrivée, mon bon monsieur Pascal...

Et comme il faisait un pas vers la porte de la chambre du vieillard, M. Pascal l'arrêta d'un geste, et lui dit :

— Le président Hubert ne demeure-t-il pas...

Et comme il hésitait, Dutertre ajouta :

— Rue du Faubourg-Saint-Honoré ; le jardin touche à celui de l'Elysée-Bourbon.

— Et y a-t-il longtemps que cette jeune fille habite chez son oncle?

Dutertre, assez surpris de l'insistance de M. Pascal au sujet d'Antonine, reprit :

— Il y a trois mois environ que M. Hubert est allé chercher mademoiselle Antonine à Nice, où elle était restée après la mort d'une de ses parentes.

— Et madame Dutertre est fort liée avec cette jeune personne ?

— A la pension, où elles étaient ensemble, Sophie lui servait de mère, et elles sont restées dans les termes de la plus tendre affection.

— Ah !... — fit encore Pascal, et de nouveau il parut réfléchir profondément pendant quelques instants.

Cet homme possédait une grande et rare faculté qui avait contribué à sa prodigieuse fortune : ainsi que l'on ouvre et que l'on ferme à volonté certains casiers, M. Pascal pouvait momentanément se détacher à son gré des plus profondes préoccupations pour entrer froidement dans un ordre d'idées complètement opposé à celles qu'il venait de quitter. Ainsi, après l'entrevue de Frantz et d'Antonine, qu'il avait surpris et dont il s'était trouvé si terriblement ému, il retrouvrait toute sa liberté d'esprit pour causer d'affaires avec l'archiduc et le torturer.

De même, après cette dernière rencontre

avec Antonine chez Dutertre, il ajourna, pour ainsi dire, ses violents ressentiments, ses projets, au sujet de la jeune fille, et, s'occupant de toute autre chose, il dit au mari de Sophie avec bonhomie :

— En attendant le retour de votre chère femme, mon ami, j'ai à vous demander un petit service.

— Enfin, — s'écria Dutertre radieux en se frottant joyeusement les mains ; — enfin... vaut mieux tard que jamais !

— Vous avez eu pour caissier... un nommé Marcelange !

— Malheureusement pour moi...

— Malheureusement?

— Il a commis ici, non pas un acte d'improbité... à aucun prix je ne lui aurais épargné la punition de sa faute; mais il a commis un acte d'indélicatesse dans des circonstances telles, qu'il m'a été démontré que cet homme était un misérable.... et je l'ai chassé...

— Marcelange m'a dit qu'en effet vous l'aviez renvoyé.

— Vous le connaissez? — reprit Dutertre, très surpris et se rappelant les paroles de son père.

— Il y a quelques jours... il est venu chez moi... il désirait entrer dans la maison Durand...

— Lui? chez des gens si honorables?

— Pourquoi pas? il a bien été employé chez vous!

— Mais, ainsi que je vous l'ai dit, mon bon monsieur Pascal, je l'ai chassé dès que sa conduite m'a été connue...

— Bien entendu! seulement, comme il se trouve sans place, il faudrait, pour entrer dans la maison Durand, qui est prête à accepter ses services, il faudrait, dis-je à ce pauvre garçon, une lettre de recommandation de votre part; avec cette garantie, il est accepté d'emblée : or, cette lettre, mon cher Dutertre, je venais tout bonnement vous la demander.

Après un moment de brusque étonnement, Dutertre ajouta, en souriant :

— Après tout, cela ne doit pas m'étonner... vous êtes si bon!... Cet homme est rempli de finesse et de fausseté... il aura surpris votre bonne foi...

— Je crois en effet, Marcelange très fin, très madré; mais cela ne peut vous empêcher de me donner la lettre dont je vous parle.

Dutertre crut avoir mal entendu ou s'être fait mal comprendre de M. Pascal ; il reprit :

— Pardon... je vous ai dit que...

— Vous avez à vous plaindre d'un acte d'indélicatesse de la part de ce garçon ; mais, bah ! qu'est-ce que cela fait ?

— Comment, monsieur Pascal,... qu'est-ce que cela fait ? Sachez donc qu'à mes yeux, l'action de cet homme était plus condamnable encore peut-être qu'un détournement de fonds !

— Je vous crois, mon brave Dutertre, je

vous crois ; il n'est pas de meilleur juge que vous en matière d'honneur ; le Marcelange me semble, il est vrai, un rusé compère ;... et, s'il faut tout vous dire, c'est à cause de cela que je tiens, je tiens beaucoup à ce qu'il soit recommandé par vous.

— Franchement, monsieur Pascal... je croirais agir en malhonnête homme en favorisant l'entrée de Marcelange dans une maison respectable à tous égards.

— Allons! faites cela pour moi... voyons!

— Ce n'est pas sérieusement que vous me parlez ainsi, monsieur Pascal?

— C'est très sérieusement !

— Après ce que je viens de vous confier tout-à-l'heure ?

— Eh ! mon Dieu, oui !

— Vous ! vous ! l'honneur et la loyauté même !

— Moi ! l'honneur et la loyauté en personne, je vous demande cette lettre.

Dutertre regarda d'abord M. Pascal avec stupeur ; puis, en suite d'un moment de réflexion, il reprit d'un ton d'affectueux reproche :

— Ah! Monsieur, après une année écoulée... cette épreuve était-elle nécessaire?

— Quelle épreuve?

— Me proposer une action indigne afin de vous assurer si je méritais toujours votre confiance.

— Mon cher Dutertre, je vous répète qu'il me faut cette lettre... Il s'agit pour moi d'une affaire fort délicate et fort importante.

M. Pascal parlait sérieusement. Dutertre ne pouvait plus en douter; il se souvint alors des paroles de son père, des pressentiments de sa petite fille, et, saisi d'un vague effroi, il reprit d'une voix contrainte :

— Ainsi, Monsieur, vous oubliez la grave responsabilité qui pèserait sur moi si je faisais ce que vous désirez.

— Eh ! mon Dieu, mon brave Dutertre, si l'on ne demandait à ses amis que des choses faciles !

— C'est une chose impossible que vous me demandez, Monsieur...

— Allons donc... vous me refusez cela,... à moi ?

— Monsieur Pascal, — dit Dutertre d'un accent à la fois ferme et pénétré, — je vous dois tout... il n'est pas de jour où mon père, ma femme et moi, nous ne nous rappelions qu'il y a un an, sans votre secours inespéré, notre ruine et celle de tant de gens que nous faisons vivre étaient immanquables. Tout ce que la reconnaissance peut inspirer d'affection, de respect, nous le ressentons pour vous... toutes les preuves de dévoûment possibles, nous sommes prêts à vous les donner avec joie... avec bonheur... mais...

— Un mot encore... et vous me comprendrez — reprit M. Pascal, en interrompant Dutertre. — Puisqu'il faut vous le dire... j'ai un intérêt puissant... à avoir quelqu'un à moi... *tout à moi,* vous entendez bien?... tout à moi, dans la maison Durand... or, vous concevez, en tenant ce Marcelange par la lettre que vous me donnerez pour lui, et par ce que je sais de ses antécédents, je me fais de lui une créature, un instrument aveugle. Ceci est tout-à-fait entre nous, mon cher Dutertre... et, comptant sur votre discrétion absolue... j'irai même plus loin, je vous dirai que...

— Pas un mot de plus à ce sujet, Monsieur, je vous en conjure, — s'écria Dutertre, avec une surprise et une douleur croissantes, car il avait cru jusqu'alors M. Pascal un homme d'une extrême droiture. — Pas un mot de plus... Il est des secrets dont on n'accepte pas la confidence.

— Pourquoi?

— Parce qu'ils peuvent devenir très embarrassants... Monsieur.

— Vraiment? les confidences d'un vieil ami peuvent devenir gênantes! soit, je les garderai... Alors, donnez-moi cette lettre, sans plus d'explications.

— Je vous répète que cela m'est impossible, Monsieur.

M. Pascal brida ses lèvres et plissa imperceptiblement ses sourcils; aussi surpris que courroucé du refus de Dutertre, il avait peine à croire, dans l'ingénuité de son cynisme, qu'un homme qu'il tenait en sa dépendance eût l'audace de contrarier sa volonté ou le courage de sacrifier le présent et l'avenir à un scrupule honorable.

Cependant, comme M. Pascal avait un intérêt véritablement puissant à obtenir la lettre qu'il demandait, il reprit avec un accent d'affectueux reproche :

— Comment... vous me refusez cela... mon cher Dutertre... à moi, votre ami ?

— Je vous le refuse surtout à vous, Monsieur, qui avez eu assez de foi dans ma sévère probité..... pour m'avancer, presque sans me connaître... une somme considérable.

— Allons, mon cher Dutertre, ne me faites pas plus aventureux que je ne le suis. Est-ce que votre probité, votre intelligence, votre intérêt même (et en tous cas, le matériel de votre usine) ne me garantissaient pas mes capitaux? Est-ce que je ne me trouve pas toujours dans une excellente position, par la faculté que je me suis réservée d'exiger le remboursement à ma volonté?... faculté dont je n'userai pas d'ici à bien longtemps, que je sache... Je m'intéresse trop à vous pour cela, — se hâta d'ajouter M. Pascal, en voyant la stupeur et l'angoisse se peindre soudain sur les traits de Dutertre, — car enfin, supposons..., et ce n'est là, Dieu merci! qu'une supposition, supposons que, dans l'état de gêne et de crise excessive où se trouve à cette heure encore une fois l'industrie, je vous dise aujourd'hui : monsieur Dutertre, j'ai besoin de mon argent avant un mois, et je vous ferme mon crédit !

— Grand Dieu ! — s'écria Dutertre, consterné, épouvanté à la seule supposition d'un pareil désastre ; — mais je tomberais en faillite ! mais ce serait ma ruine, la perte de mon industrie ; il faudrait travailler de mes mains peut-être, si je trouvais un emploi afin de faire vivre mon père infirme, ma femme et mes enfants !...

— Voulez-vous bien vous taire, méchant homme, et ne pas me mettre de si affligeantes idées sous les yeux ! Vous allez me gâter toute ma journée ! — s'écria M. Pascal avec une bonhomie irrésistible et en prenant les deux mains de Dutertre entre les siennes. — Parler ainsi... aujourd'hui... et moi qui, comme vous, me faisais une fête de cette matinée !... Eh bien! qu'avez-vous? vous voici tout pâle... maintenant...

— Pardon, Monsieur, — dit Dutertre en essuyant les gouttes de sueur froide qui coulaient de son front, — mais, à la seule pensée d'un coup si inattendu... qui frapperait ce que j'ai de plus cher au monde, mon honneur... ma famille... mon travail... Ah !... tenez, Monsieur, vous avez raison, éloignons cette idée... elle est trop horrible...

— Eh! mon Dieu! c'est ce que je vous disais, n'attristons pas cette charmante journée... Aussi, pour en finir, reprit allègrement M. Pascal, — bâclons de suite les affaires... vidons notre sac, comme on dit... donnez-moi cette lettre... et n'en parlons plus...

Dutertre tressaillit, une affreuse angoisse lui serra le cœur, il répondit :

— Une pareille insistance m'étonne et m'afflige, Monsieur... Je vous le répète, il m'est absolument impossible de faire ce que vous désirez.

— Mais, grand enfant que vous êtes ! mon insistance même vous prouve l'importance que j'attache à cette affaire.

— Il se peut, Monsieur?

— Et pourquoi y attachai-je autant d'importance, mon brave Dutertre? c'est parce que cette affaire vous intéresse autant que moi.

— Que dites-vous, Monsieur?

—Eh! sans doute... ma combinaison de la maison Durand manquant, puisque votre refus m'empêcherait d'employer ce coquin de Marcelange selon mes vues (vous ne voulez pas de mes secrets, je suis bien forcé de les garder), peut-être serais-je obligé, pour certaines raisons, — ajouta M. Pascal en prononçant lentement les mots suivants et en attachant sur sa victime son regard clair et froid, — peut-être serai-je obligé... et cela me saignerait le cœur... de vous redemander mes capitaux et de vous fermer mon crédit.

— Oh! mon Dieu! — s'écria Dutertre en joignant les mains et devenant pâle comme un spectre.

— Voyez un peu, vilain homme, dans quelle atroce position vous vous mettriez!... Me forcer à une action qui, je vous le répète, me déchirerait l'âme...

— Mais, Monsieur... tout-à-l'heure encore... vous m'assuriez que...

— Eh! parbleu! mon intention serait de vous les laisser le plus longtemps possible, ces malheureux capitaux, vous m'en payiez les intérêts avec une ponctualité rare... le placement était parfait, et, grâce à l'amortissement convenu, vous étiez libéré dans dix ans et j'avais fait une excellente affaire en vous rendant service.

— En effet, Monsieur, — murmura Dutertre anéanti, — telles avaient été vos promesses, sinon écrites... du moins verbales... et la générosité de votre offre, la loyauté de votre caractère, tout m'avait donné la confiance la plus entière... Dieu veuille que je n'aie pas à dire la plus téméraire, la plus insensée, dans votre parole...

— Quant à cela, mon cher Dutertre, mettez-vous en paix avec vous-même ; à cette époque de crise commerciale, au moins aussi terrible que celle d'aujourd'hui, vous n'eussiez trouvé nulle part les capitaux que je vous ai offerts à un taux si modéré.

— Je le sais, Monsieur !

— Vous avez donc pu, vous avez même dû, forcé par la nécessité, accepter la condition que je mettais à cet emprunt.

— Mais, Monsieur, — s'écria Dutertre dans un effroi inexprimable, — j'en appelle à votre honneur ! vous m'aviez formellement promis de...

— Eh! mon Dieu, oui... je vous avais promis! sauf la force majeure des évènements; et malheureusement votre refus à propos de cette pauvre petite lettre, crée un évènement de force majeure, qui me met dans la pénible... dans la douloureuse nécessité... de vous redemander mon argent.

— Mais, Monsieur, c'est une action indigne... que vous me proposez là... songez-y donc!

A ce moment on entendit au dehors le rire doux et frais de Sophie Dutertre qui s'approchait.

— Ah! Monsieur! — s'écria son mari, —

pas un mot de cela devant ma femme... car, ce ne peut être là votre dernière résolution; et j'espère que....

Charles Dutertre ne put achever, car Sophie entra dans le salon.

Le malheureux homme ne put faire qu'un geste suppliant à Pascal, qui y répondit par un signe d'affectueuse intelligence.

VIII

Lorsque Sophie Dutertre entra dans le salon où se trouvaient son mari M. et Pascal, le gracieux visage de la jeune femme, plus vivement coloré que de coutume, le léger battement de son sein, ses yeux humides, témoignaient de son récent accès d'hilarité.

— Ah! ah! madame Dutertre, — dit gaîment M. Pascal, — je vous ai bien entendue, vous étiez là, à rire comme une folle...

Puis, se tournant vers Dutertre, qui tâchait de dissimuler ses horribles angoisses et de se rattacher à une dernière espérance, il ajouta :

— Comme le bonheur les rend gaies, ces jeunes femmes ! Rien qu'à les voir... ça met la joie au cœur, n'est-ce pas, mon brave Dutertre ?

— Je viens de rire, et bien malgré moi, je vous assure, mon bon monsieur Pascal, — reprit Sophie.

— Malgré vous? — dit notre homme, — comment! est-ce que quelque chagrin!...

— Un chagrin? oh! non, Dieu merci!... mais j'étais plus disposée à l'attendrissement qu'à la gaîté... Cette chère Antonine... si tu savais... Charles, — ajouta la jeune femme avec une douce émotion en s'adressant à son mari, — je ne puis te dire combien elle m'a émue... quel aveu à la fois touchant et candide elle m'a fait... car le cœur de la pauvre petite était trop plein... et elle n'a pas eu la force de s'en aller sans tout me dire...

Et une larme d'attendrissement vint mouiller les beaux yeux de Sophie.

Au nom d'Antonine, M. Pascal, malgré son rare empire sur lui-même, avait tressailli; ses préoccupations au sujet de la jeune fille, un instant ajournées, revinrent plus vives, plus ardentes que jamais, et, pendant que Sophie essuyait ses yeux, il jeta sur elle un regard pénétrant, tâchant de deviner ce qu'il pouvait espérer d'elle, pour une combinaison qu'il formait.

Madame Dutertre reprit bientôt, en s'adressant à son mari :

— Mais, Charles, je te conterai cela... plus tard : toujours est-il que j'étais encore sous l'impression de mon entretien avec cette chère Antonine, lorsque ma petite Made-

leine est venue à moi... et m'a dit, dans son
gentil jargon, de si drôles de raisons, que je
n'ai pu m'empêcher de rire aux éclats. Mais
pardon, monsieur Pascal... votre cœur comprendra
et excusera, n'est-ce pas, toutes les
faiblesses maternelles ?

— C'est à moi que vous demandez cela,
— reprit cordialement Pascal, — à moi... un
bonhomme ?

— C'est vrai, — ajouta Sophie avec une
affectueuse expansion, — si l'on vous aime
tant ici... c'est que vous êtes, voyez-vous,
comme vous le dites si bien : *un bonhomme*...
Tenez... demandez à Charles... s'il me démentira ?

Dutertre répondit par un sourire contraint, et il eut la force et le courage de se contenir assez devant sa femme, pour que celle-ci, tout occupée de M. Pascal, n'eût pas d'abord le moindre soupçon des anxiétés de son mari. Aussi, se dirigeant vers la table et prenant la bourse qu'elle avait brodée, elle la présenta à M. Pascal, en lui disant d'une voix touchante :

— Mon bon monsieur Pascal, cette bourse est le fruit du travail de mes meilleures soirées... celles que je passais ici... avec mon mari... son excellent père et mes enfants. Si chacune de ces petites perles d'acier pouvait parler, — ajouta Sophie en souriant, — elle vous dirait combien de fois votre nom a été prononcé parmi nous, avec tout l'attachement et la reconnaissance qu'il mérite...

— Ah! merci, merci, ma chère madame Dutertre, — répondit Pascal, — je ne peux pas vous dire combien je suis sensible à ce joli cadeau... à cet aimable souvenir; seulement, voyez-vous, il m'embarrasse un peu...

— Comment cela?...

— Vous venez de me donner, et moi, je vas vous demander encore.

— Quel bonheur!... Demandez... demandez, mon bon monsieur Pascal.

Puis s'adressant à son mari, avec surprise :

— Charles, que fais-tu donc là... assis... devant ce bureau?

— M. Pascal voudra bien m'excuser; je viens de me rappeler que j'ai négligé de revoir quelques notes relatives à un travail très pressé, — répondit Dutertre en feuilletant au hasard quelques papiers afin de se donner une contenance et de cacher à sa femme, à qui il tournait ainsi le dos, l'altération de ses traits.

— Mon ami, — dit Sophie d'un ton de tendre reproche, — ne pouvais-tu donc pas remettre ce travail et attendre que.....

— Madame Dutertre, je m'insurge si vous dérangez votre mari à cause de moi, — s'écria M. Pascal, — est-ce que je ne connais pas les affaires? Allez, allez, heureuse femme que vous êtes, c'est grâce à cette ardeur du travail que ce brave Dutertre est aujourd'hui à la tête de son industrie.

— Et cette ardeur pour le travail, qui l'a encouragée qui l'a récompensée, n'est-ce pas vous, monsieur Pascal? Si Charles est, à cette heure, comme vous dites, à la tête de son industrie, si notre avenir et celui de nos enfants est maintenant à jamais assuré... n'est-ce pas grâce à vous?

— Ma chère madame Dutertre, vous allez me confusionner, et alors je ne saurai plus comment vous demander le petit service que j'attends de vous.

— Et moi... qui l'oubliais... — reprit Sophie en souriant; — heureusement, c'était pour vous parler de services bien autrement importants, sans doute, que vous nous aviez rendus; aussi vous m'excuserez, n'est-ce pas? Mais, voyons vite, vite, de quoi s'agit-il? — ajouta la jeune femme avec un empressement plein de charme.

— Ce que je vais vous dire va bien vous surprendre, peut-être...

— Tant mieux... j'adore les surprises.

— Eh bien!... l'isolement de la vie de garçon me pèse, et...

— Et?...

— J'ai envie de me marier...

— Vraiment?

— Cela vous étonne?... J'en étais sûr.

— Vous vous trompez tout-à-fait, car, selon moi, vous deviez en arriver là?

— Comment donc?

—Mon Dieu, souvent je me disais ; tôt

ou tard ce bon M. Pascal, qui vit tant par le cœur, voudra goûter les chères et douces joies de la famille... et s'il faut vous avouer mon orgueilleuse présomption, ajouta Sophie en souriant, je me disais même, à part moi : il est impossible que la vue du bonheur dont nous jouissons, Charles et moi, ne donne pas quelque jour à M. Pascal l'idée de se marier. Maintenant jugez un peu si je suis heureuse d'avoir pressenti votre projet !

— Triomphez donc, ma chère madame Dutertre, car, en effet, séduit par votre exemple et par celui de votre mari, je désire faire, comme vous deux... un mariage d'amour...

— Est-ce qu'il y a d'autres mariages possibles? — dit Sophie en haussant les épaules par un mouvement plein de grâce, et sans réfléchir tout d'abord aux trente-huit ans de M. Pascal, puis elle ajouta :

— Et vous êtes aimé?

— Mon Dieu! cela peut dépendre... de vous.

— De moi?

— Absolument...

— De moi?... — reprit Sophie avec une

surprise croissante, — tu entends, Charles, ce que dit M. Pascal?

— J'entends... — répondit Dutertre, qui, non moins étonné que sa femme, écoutait avec une anxiété involontaire.

— Comment, monsieur Pascal, — reprit Sophie, — je puis faire, moi... que vous soyez aimé?

— Vous pouvez cela... ma chère madame Dutertre.

—Quoique ceci me semble incompréhensible, que Dieu soit béni, si j'ai la puissance magique que vous m'attribuez, mon bon monsieur Pascal, — reprit Sophie avec un doux sourire, — alors vous serez aimé comme vous méritez de l'être...

— Comptant sur votre promesse, je n'irai donc pas par quatre chemins, et je vous avouerai tout bêtement, ma chère madame Dutertre, que je suis fou de mademoiselle Antonine Hubert.

— Antonine! — s'écria Sophie avec stupeur, pendant que Dutertre, toujours assis devant son bureau, se tournait brusquement vers sa femme dont il partageait l'étonnement extrême.

— Antonine! — reprit Sophie, comme si

elle n'avait pu croire à ce qu'elle venait d'entendre, — c'est Antonine que vous aimez !

— C'est d'elle que je suis fou... c'est chez vous tout-à-l'heure, que je l'ai rencontrée pour la quatrième fois ; seulement, je ne lui ai jamais parlé... et pourtant ma résolution est prise, car je suis de ces gens qui se décident vite et par instinct... Ainsi, quand il s'est agi de venir en aide à ce brave Dutertre, en deux heures la chose a été faite... Eh bien ! la ravissante beauté de mademoiselle Antonine... la candeur de son visage... un je ne sais quoi qui me dit que cette jeune personne doit avoir les meilleures qualités du monde... tout a contribué à me rendre amoureux fou et à vouloir chercher, dans un mariage d'amour comme le vôtre, ma chère madame Dutertre, ce bonheur intérieur, ces joies du cœur... et que vous me croyez à juste titre digne de connaître et de goûter...

— Monsieur... — dit Sophie avec un pénible embarras, — permettez-moi de...

— Un mot encore, c'est un amour de *première vue*, direz-vous... soit... mais il y a vingt exemple d'amours aussi soudains que profonds!... D'ailleurs, ainsi que je vous l'ai dit, je suis tout bonnement un homme d'instinct, de pressentiments; d'un seul coup-d'œil, j'ai toujours jugé une affaire bonne ou mauvaise : pourquoi ne suivrais-je pas pour me marier une méthode qui jusqu'ici m'a parfaitement réussi? Je vous ai dit qu'il dépendait de vous que mademoiselle Antonine m'aimât... Je m'explique : à quinze ans, et elle ne me paraît avoir guères plus que cet âge... les jeunes filles n'ont pas de volontés à elles... Vous avez servi de mère à mademoiselle Antonine, à ce que m'a dit Dutertre. Vous possédez sur elle un grand empire, puisqu'elle vous choisit pour confidente... Rien ne vous sera plus facile, en lui parlant de moi... d'une certaine façon, lorsque vous m'aurez présenté à elle (et ce pas plus tard que demain, n'est-ce pas ?) il vous sera, dis-je, très facile de l'amener à partager mon amour et à m'épouser. Si je vous devais ce bonheur... ma chère madame Dutertre, tenez... — ajouta M. Pascal d'un ton sincère et pénétré, — vous parlez de reconnaissance ? eh bien !... celle que vous dites avoir pour moi... serait de l'ingratitude auprès de ce que je ressentirais pour vous.

Sophie avait écouté M. Pascal avec autant de trouble et de chagrin que de surprise, car elle croyait, et elle avait raison de croire à la réalité de l'amour... ou plutôt de l'irrésistible ardeur de possession qu'éprouvait cet homme ; aussi reprit-elle d'un ton pénétré, car il lui coûtait de renverser des espérances qui lui semblaient honorables :

— Mon pauvre monsieur Pascal, vous me voyez désolée de ne pouvoir vous rendre le premier service que vous me demandez ; je n'ai pas besoin de vous dire combien je le regrette.

— Qu'y a-t-il donc d'impossible ?

— Croyez-moi... ne songez pas à ce mariage.

— Mademoiselle Antonine ne mérite-t-elle pas ?...

— Antonine est un ange, je la connais depuis son enfance... Il n'est pas au monde de cœur, de caractère meilleur.

— Ce que vous me dites-là, ma chère madame Dutertre, suffirait pour augmenter mon désir... s'il pouvait l'être...

— Encore une fois... ce mariage est impossible.

— Mais enfin... pourquoi ?

— D'abord, songez-y... Antonine a quinze ans et demi à peine, et vous.

— Et moi j'en ai trente-huit; est-ce cela ?

— La différence d'âge est bien grande, avouez-le... et comme je ne conseillerais ni à ma fille... ni à ma sœur... un mariage aussi disproportionné, je ne puis le conseiller à Antonine... car je ne voudrais à aucun prix son malheur et le vôtre.

— Oh ! soyez tranquille... je vous réponds de mon bonheur... à moi.

— Et de celui d'Antonine ?

— Bah! bah! pour quelques années de plus ou de moins...

— Je me suis mariée par amour, mon bon monsieur Pascal... je ne comprends pas d'autres mariages. Peut-être est-ce un tort; mais enfin, je pense ainsi... et je dois vous le dire... puisque vous me consultez.

— Selon vous, je ne suis donc pas capable de plaire à mademoiselle Antonine?

— Je crois qu'elle apprécierait, comme Charles et moi... comme tous les cœurs généreux, la noblesse de votre caractère... mais...

— Encore une fois, ma chère madame

Dutertre, permettez... une enfant de quinze ans n'a pas d'idées arrêtées au sujet du mariage ; mademoiselle Antonine a en vous une confiance aveugle... Présentez-moi à elle... dites-lui toute sorte de bien du *bonhomme* Pascal... L'affaire est sûre : si vous le voulez... vous le pouvez.

— Tenez, mon cher monsieur Pascal, cet entretien m'attriste plus que je ne saurais vous le dire... Pour y mettre un terme... je confierai un secret à votre discrétion et à votre loyauté...

— Eh bien !... ce secret ?

— Antonine... aime et elle est aimée...

Ah! monsieur Pascal, rien n'est à la fois plus pur, plus touchant que cet amour... et, pour bien des raisons... je suis certaine qu'il assurerait le bonheur d'Antonine; la santé de son oncle est chancelante : que la pauvre enfant le perde, elle est obligée d'aller vivre chez des parents qui non sans raison lui inspirent de l'éloignement... Une fois mariée, au contraire, selon son cœur, elle peut espérer le plus heureux avenir... car sa vive affection est noblement placée... Vous le voyez donc bien, mon bon monsieur Pascal, vous n'auriez, même avec mon appui, aucune chance de réussir... et cet appui, en mon âme et conscience... puis-je vous l'accorder lorsque, en dehors même d'une disproportion d'âge selon moi inadmissible, je suis certaine... et je n'affirme jamais rien

légèrement, je suis certaine que l'amour que
ressent et qu'inspire Antonine... doit la
rendre à jamais heureuse ?

A cette affirmation de l'amour d'Antonine
pour Frantz, secret déjà à demi-pénétré par
M. Pascal, celui-ci éprouva un cruel sentiment de rage et de douleur, encore exaspéré par le refus de madame Dutertre qui
ne voulait en rien servir des projets qui lui
semblaient irréalisables; mais il se contint,
afin de tenter un dernier effort, et, s'il
échouait, de rendre sa vengeance plus terrible encore.

Il reprit donc avec un calme apparent :

— Ah!... mademoiselle Antonine est

amoureuse... soit; mais nous connaissons ces *grandes* passions de petites filles, ma chère madame Dutertre... un vrai feu de paille... Or, vous soufflerez dessus, il s'éteindra ; ce bel amour ne résistera pas à votre influence.

— D'abord, je n'essaierai pas d'influencer Antonine à ce sujet, monsieur Pascal, puis, ce serait inutile.

— Vous croyez ?

— J'en suis certaine.

— Bah !... essayez toujours.

— Mais je vous dis, Monsieur, qu'Antonine...

— Est amoureuse ! c'est entendu ; de plus, le bonhomme Pascal a trente-huit ans, et n'est pas beau, c'est évident; mais aussi, en revanche, il a de beaux petits millions ; et lorsque ce soir (car vous irez ce soir n'est-ce pas? j'y compte), vous aurez fait comprendre à cette ingénue que si l'amour est une bonne chose, l'argent vaut encore mieux, car l'amour passe et l'argent reste, elle suivra vos conseils, congédiera dès demain son amoureux, et je n'aurai plus qu'à dire : gloire et merci à vous, ma chère madame Dutertre.

Sophie regarda M. Pascal avec autant d'étonnement que d'inquiétude ; sa délicate susceptibilité de femme était cruellement froissée, son instinct lui disait qu'un homme parlant comme M. Pascal n'était pas l'homme de cœur et de droiture qu'elle avait cru jusqu'alors trouver en lui.

A ce moment aussi Dutertre se leva, dans une douloureuse perplexité; pour la première fois sa femme remarqua l'altération de ses traits, et s'écria en faisant un pas vers lui :

—Mon Dieu, Charles... comme tu es pâle!... tu souffres donc?...

— Non... Sophie... je n'ai rien... une légère migraine...

— Moi, je te dis que tu as autre chose... Cette pâleur n'est pas naturelle... Monsieur Pascal, regardez donc Charles...

— En effet... mon brave Dutertre... vous ne paraissez pas à votre aise...

— Je n'ai rien, Monsieur, — répondit Dutertre d'un ton glacial qui augmenta la vague appréhension de Sophie...

Elle regardait tour à tour et en silence son mari et M. Pascal, tâchant de pénétrer la cause du changement qu'elle remarquait et dont elle se sentait effrayée.

— Voyons, mon cher Dutertre, — reprit

M. Pascal, — vous avez entendu notre entretien... joignez-vous donc à moi, pour faire comprendre à votre chère et excellente femme que mademoiselle Antonine, malgré son fol amour de petite fille, ne peut trouver un meilleur parti que moi!

— Je partage en tout, Monsieur, la manière de voir de ma femme à ce sujet.

— Comment!... méchant homme... vous aussi?

— Oui, Monsieur!...

— Réfléchissez donc que...

— Ma femme vous l'a dit, Monsieur; nous

avons fait un mariage d'amour, et, comme elle, je crois que les seuls mariages d'amour sont heureux...

— Marchander Antonine, — dit Sophie avec amertume, — moi... lui conseiller un acte de révoltante bassesse, un mariage d'intérêt, de se vendre, en un mot, lorsque, tout à-l'heure encore, elle m'a avoué son pur et noble amour... Ah! Monsieur, je me croyais plus dignement connue de vous.

— Allons, voyons, mon cher Dutertre, vous, homme de bon sens, avouez que ce sont là des raisons de roman... aidez-moi donc à convaincre votre femme.

— Je vous le répète, Monsieur, je pense comme elle...

— Ah! — s'écria M. Pascal, — je ne m'attendais pas à trouver ici des amis si froids... si indifférents à ce qui me touche.

— Monsieur, — s'écria Sophie, — ce reproche est injuste.

— Injuste !... Hélas ! je le voudrais ; mais enfin... je n'ai que trop raison... Tout-à-l'heure, votre mari accueillait par un refus une de mes demandes ; maintenant... c'est vous... Ah ! c'est triste, triste !... Sur quoi compter désormais !

— Quel refus ? — dit Sophie à son mari,

de plus en plus inquiète, — de quel refus s'agit-il, Charles ?

— Il est inutile de te parler de cela, ma chère Sophie...

— Je crois, moi, au contraire, — reprit Pascal, — qu'il serait bon de tout dire à votre femme, mon cher Dutertre, afin d'avoir son avis.

— Monsieur !... — s'écria Dutertre en joignant les mains avec effroi.

— Allons ? Est-ce que, dans un mariage d'amour, — reprit Pascal, — l'on a des secrets l'un pour l'autre ?

— Charles... je t'en supplie, explique-moi ce que cela signifie... Ah! j'avais bien vu, moi, que tu souffrais... Mais, Monsieur, il s'est donc passé quelque chose entre vous et Charles? — dit-elle à Pascal d'une voix suppliante, — répondez-moi, de grâce.

— Mon Dieu! il s'est passé quelque chose de fort simple... Vous allez en juger, ma chère Madame...

— Monsieur! — s'écria Dutertre, — au nom de la reconnaissance que nous vous devons, au nom de la pitié ; pas un mot de plus, je vous en supplie ; car je ne croirai jamais que vous persistiez dans votre résolution. Et alors, à quoi bon donner à ma femme des inquiétudes inutiles?

Puis, s'adressant à madame Dutertre, il ajouta :

— Rassure-toi, Sophie, je t'en conjure.

Le père Dutertre, qui, de sa chambre, avait entendu les voix s'élever de plus en plus, ouvrit soudain sa porte, fit vivement deux pas dans le salon en étendant ses mains devant lui, et s'écria, la figure bouleversée :

—Charles ! Sophie ! mon Dieu ! qu'y a-t-il ?

—Mon père !... murmura Dutertre avec accablement.

— Le vieux! — dit Pascal! — bon! ça me va!

IX

IX

Un moment de silence suivit l'entrée du vieillard aveugle dans le salon.

Dutertre s'avança vivement au-devant de son père, prit une de ses mains tremblantes, et, la serrant avec émotion, lui dit :

— Rassurez-vous, mon père, ce n'est

rien..., une simple discussion d'affaires....
un peu vive... permettez-moi de vous reconduire chez vous.

— Charles, — dit l'aveugle en secouant tristement la tête, — ta main est froide... tu frissonnes... ta voix est altérée... il se passe ici quelque chose que tu veux me cacher.....

— Vous ne vous trompez pas, Monsieur, — dit Pascal au vieillard, — votre fils vous cache quelque chose, et, dans son intérêt, dans le vôtre, dans celui de votre belle-fille et de ses enfants..... vous ne devez rien ignorer.

— Mais, Monsieur, rien ne peut donc vous

toucher? — s'écria Charles Dutertre, — vous êtes donc sans pitié, sans entrailles?

— C'est parce que j'ai pitié de votre folle opiniâtreté et de celle de votre femme, mon cher Dutertre, que j'en veux appeler au bon sens de votre respectable père...

— Charles, — s'écria Sophie, — quelque cruelle que soit la vérité, dis-la... Ce doute, cette angoisse est au-dessus de mes forces.

— Mon fils, — ajouta le vieillard, sois franc comme toujours, et nous aurons tous du courage.

— Vous le voyez, mon cher Dutertre, reprit M. Pascal, — votre digne père lui-même désire connaître la vérité.

— Monsieur, — reprit Dutertre d'une voix navrante, en attachant sur Pascal un regard humide de larmes à peine contenues, — soyez bon, soyez généreux comme vous l'avez été jusqu'ici. Votre pouvoir est immense, je le sais ; d'un mot, vous pouvez nous plonger tous dans le deuil, dans le désastre; mais, d'un mot aussi, vous pouvez nous rendre au repos et au bonheur que nous vous avons dû. Je vous en supplie, ne soyez pas impitoyable.

A la vue des larmes qui, malgré ses efforts, coulèrent des yeux de Dutertre, cet homme si énergique, si résolu, Sophie pressentit la grandeur du péril, et, s'adressant à M. Pascal, d'une voix déchirante :

— Mon Dieu !..... je ne sais pas le danger dont vous nous menacez, mais... j'ai peur... oh ! j'ai peur, et je vous implore aussi, monsieur Pascal.

— Après avoir été notre sauveur, — s'écria Dutertre, en essuyant les pleurs qui s'échappaient malgré lui, — vous ne pouvez pourtant pas être notre bourreau !

—Votre bourreau, reprit Pascal, à Dieu ne plaise, mes pauvres amis... ce n'est pas moi... c'est vous qui voulez être les bourreaux de vous-mêmes !... Ce mot que vous attendez de moi, ce mot qui peut assurer votre bonheur, dites-le, mon cher Dutertre, et notre petite fête sera aussi joyeuse qu'elle devait l'être... sinon.. ne vous plaignez pas du mauvais sort qui vous attend..... Hélas! vous l'aurez voulu...

— Mais enfin, Charles... — si cela dépend de toi, — s'écria Sophie dans une angoisse inexprimable, — ce mot que demande M. Pascal... dis-le donc, mon Dieu!... puisqu'il s'agit du salut de ton père... et de celui de tes enfants...

— Vous entendez votre femme, mon cher Dutertre, reprit Pascal, — serez-vous aussi insensible à sa voix?

— Eh bien donc!—s'écria Dutertre, pâle, désespéré, — puisque cet homme est impitoyable...; sache donc tout, mon père, et toi aussi, Sophie ... J'ai chassé d'ici Marcelange. M. Pascal a un intérêt, que j'ignore, à ce que cet homme entre dans la maison Durand..... et il me demande de garantir à cette maison la probité d'un misérable...... que j'ai jeté hors d'ici comme un fourbe insigne.

— Ah! Monsieur, dit le vieillard révolté, en se tournant du côté où il supposait Pascal, — cela est impossible : vous ne pouvez attendre de mon fils une indignité pareille !

— Et si je me refuse à cette indignité, — reprit Dutertre, — M. Pascal me retire les capitaux que j'ai si témérairement acceptés, il me ferme son crédit, et, dans la crise où nous sommes, c'est notre perte..... notre ruine...

— Grand Dieu!..... — murmura Sophie avec épouvante.

— Ce n'est pas tout, mon père, — ajouta Dutertre, — il faut aussi que ma femme paie son tribut de honte.... M. Pascal est, dit-il, amoureux de mademoiselle Antonine, et Sophie doit servir cet amour, qu'elle sait impossible; cet amour que, pour d'honorables raisons, elle désapprouve; ou sinon... encore une menace suspendue sur nos têtes... Voici la vérité, mon père : ...'subir une ruine aussi terrible qu'imprévue, ou commettre une action indigne..... telle est l'alternative où me reduit l'homme que nous avons si longtemps cru généreux et loyal.

— C'est bien cela, toujours cela ! Ainsi va le monde... — reprit M. Pascal en soupirant et en haussant les paules : tant qu'il s'agit de recevoir des services sans en rendre... — oh ! alors, on vous flatte, on vous exalte ; c'est toujours mon *noble bienfaiteur !* mon *généreux sauveur !* on vous appelle *bon homme*, on vous comble de prévenances, on vous brode des bourses, on vous fête... Les petits enfants vous récitent des compliments ; puis vient le jour où ce pauvre *bon homme* de bienfaiteur se hasarde, à son tour, à demander un, ou deux malheureux petits services.... alors... on crie au gueux, à l'indigne, à l'infâme !

— Tous les sacrifices compatibles avec l'honneur, vous me les eussiez demandés, Monsieur, — s'écria Dutertre, d'une voix navrée, — je vous les aurais faits avec joie...

— Alors, que voulez-vous ? — reprit Pascal, sans répondre à Dutertre, si *bonhomme*, si bonasse qu'on le suppose, le bienfaiteur, à la fin, pourtant, se lasse;... l'ingratitude surtout lui fend le cœur; car il est né sensible, top sensible.

— L'ingratitude, — s'écria Sophie, en fondant en larmes, — nous, nous, ingrats... Oh ! mon Dieu !...

— Et comme le bonhomme voit un peu tard qu'il s'est trompé, — continua Pascal, sans répondre à Sophie, — comme il reconnaît avec douleur... qu'il a eu affaire à des gens incapables de mettre leur reconnaissante amitié au-dessus de quelques susceptibilités puériles... il se dit qu'il serait aussi par trop *bonhomme* en continuant d'ouvrir sa bourse à de si tièdes amis. ... Aussi leur retire-t-il argent et crédit... comme je le fais, étant amené d'ailleurs à cette résolution par certaines circonstances, dérivant du refus de ce cher Dutertre, que j'aimais tant.... et j'aimerais encore tant à appeler ainsi.... Un dernier mot, Monsieur, — ajouta Pascal, en s'adressant au vieillard, — je viens de vous exposer franchement ma conduite envers votre fils, et la sienne envers moi; mais comme il coûterait trop à mon cœur de renoncer à la foi que j'avais dans l'affection de ce cher Dutertre, comme je sais les maux terribles qui peuvent l'accabler, par sa faute, lui et sa famille... je lui accorde encore un quart-d'heure, pour réfléchir et s'amender... Qu'il me donne la lettre en question, que madame Dutertre me fasse la promesse que j'attends d'elle, et tout redevient comme par le passé... et je demande à grands cris le déjeûner et je porte un toaste à *l'amitié*... Vous êtes le père de Dutertre, Monsieur, vous avez sur lui une grande influence... jugez et décidez.

— Charles, — dit le vieillard à son fils d'une voix émue, — tu as agi en honnête homme... C'est bien... mais il te reste une chose à faire..... refuser de garantir la moralité d'un misérable... ce n'est pas assez...

—Ah! ah! — fit Pascal, — et qu'y a-t-il donc à faire de plus ?

—Si M. Pascal, continua le vieillard, — donne suite à son pernicieux dessein, tu dois, mon fils, écrire à la maison Durand que, pour des raisons que tu ignores, mais dangereuses peut-être, M. Pascal a intérêt à faire entrer ce Marcelange chez ces honnêtes gens et qu'ils aient à se tenir sur leurs gardes, car se taire sur un projet indigne, c'est s'en rendre complice.

—Je suivrai votre conseil, mon père, répondit Dutertre d'une voix ferme.

—De mieux en mieux, reprit Pascal en

soupirant. A l'ingratitude.... on ajoute un odieux abus de confiance... Allons, je boirai le calice jusqu'à la lie... seulement mes pauvres *ci-devant amis* — ajouta-t-il en jetant sur les acteurs de cette scène, un regard étrange et sinistre, seulement je crains, voyez-vous, qu'après boire, il ne me reste au cœur beaucoup d'amertume, beaucoup de fiel... et alors... vous savez, quand, à la plus tendre amitié, succède une haine légitime, malheureusement, elle devient terrible, cette haine..

— Oh! Charles, il me fait peur... — murmura la jeune femme en se rapprochant de son mari.

— Quant à vous, ma chère Sophie, — ajouta le vieillard avec un calme imperturbbable, et sans répondre à la menace de M. Pascal, — vous devez non-seulement ne favoriser en rien, ainsi que vous l'avez fait, des vues de mariage que vous désapprouvez; mais si M. Pascal persiste dans ses intentions, vous devez encore éclairer mademoiselle Antonine et ses parents sur le caractère de l'homme qui la recherche.... Pour cela, vous n'avez qu'à faire connaître à quel prix infâme il met la continuation des services qu'il a rendus à votre mari.

— C'est mon devoir... — répondit Sophie d'une voix altérée, — je l'accomplirai, mon père...

— Vous aussi, ma chère madame Dutertre! abuser d'une confidence.... loyale, —

reprit M. Pascal d'un air doucereusement féroce, — me frapper dans ma plus chère espérance..... ah! c'est peu généreux. Dieu veuille que je ne me laisse pas aller à de cruelles représailles..... Après deux années d'amitié... se quitter avec de pareils sentiments... Il le faut donc? hein! ajouta Pascal en regardant alternativement Dutertre et sa femme, — tout est donc fini entre nous?

Sophie et son mari gardèrent un silence rempli de résignation et de dignité.

— Allons, dit Pascal, en prenant son chapeau, — encore une preuve de l'ingratitude des hommes... hélas!

— Monsieur, — s'écria Dutertre, exaspéré

par l'affectation d'ironique sensibilité de Pascal, — en présence du coup affreux dont vous nous écrasez... cette raillerie continue est atroce... Laissez-nous... laissez-nous......

— Me voici donc chassé de cette maison... par des gens qui ont la conscience de m'avoir dû si longtemps leur bonheur, leur salut, — reprit Pascal en se dirigeant lentement vers la porte — chassé d'ici...... moi ! Ah ! cet humiliant chagrin me manquait......

Puis, s'arrêtant, il fouilla dans sa poche et en retira la petite bourse que Sophie Dutertre lui avait donnée peu d'instants auparavant, et, la tendant à la jeune femme, il reprit avec son impitoyable accent de contrition sardonique :

— Heureusement, elles sont muettes, ces petites perles d'acier, qui devaient me dire, à chaque instant, combien mon nom était béni dans cette maison d'où l'on me chasse.

Mais, ayant l'air de se raviser, il remit la bourse dans sa poche, après l'avoir contemplée avec un sourire mélancolique, en disant :

— Non... non... je te garderai, pauvre petite bourse innocente... tu me rappelleras le peu de bien que j'ai fait, et la cruelle déception qui m'a récompensé.

Ce disant, M. Pascal mit la main sur le bouton de la porte, l'ouvrit et sortit au milieu du morne silence de Sophie, de son mari et de son père.

Ce silence accablant durait encore lorsque M. Pascal, revenant et ouvrant à demi la porte, dit à travers un des ventaux entrebâillés.

— Au fait... j'ai réfléchi... Écoutez, mon cher Dutertre...

Une lueur de folle espérance illumina la figure de Dutertre ; un moment il crut que, malgré la sardonique et froide cruauté que venait d'affecter M. Pascal, il ressentait enfin quelque pitié.

Sophie partagea le même espoir; ainsi que

son mari, elle attendit avec une indicible angoisse les paroles de l'homme qui disposait souverainement de leur sort, et qui reprit :

— C'est samedi prochain votre jour d'échéance et de paie... n'est-ce pas, mon cher Dutertre ; laissez-moi vous appeler ainsi, malgré ce qui s'est passé entre nous...

— Dieu soit béni !..... il a pitié, — pensa Dutertre, et il reprit tout haut :

— Oui... Monsieur...

— Je ne voudrais point, vous concevez, mon cher Dutertre, — reprit M. Pascal, —

vous mettre dans un embarras mortel ; je connais la *place* de Paris, et, dans l'état de crise des affaires, vous ne trouveriez pas un liard de crédit, surtout si l'on savait que je vous ai fermé le mien... et comme, après tout, vous aviez compté sur ma caisse pour faire face à vos engagements... n'est-ce pas?

— Charles, nous sommes sauvés, — murmura Sophie d'une voix palpitante, — c'était une épreuve...

Dutertre, frappé de cette idée, qui lui parut d'autant plus vraisemblable, qu'il l'avait d'abord partagée, ne douta plus de son salut; son cœur battit violemment; ses traits contractés, se détendirent, et il répondit en balbutiant tant son émotion était grande :

— En effet.... Monsieur.... aveuglément confiant dans vos promesses.... j'ai compté comme à l'ordinaire, sur votre crédit...

— Eh bien!.... mon cher Dutertre.... afin que vous ne vous trouviez pas dans l'embarras, ainsi que je viens de vous le dire, et comme il vous reste d'ailleurs une huitaine de jours, vous ferez bien de vous précautionner ailleurs et de ne compter ni sur la place de Paris ni sur moi.

Et M. Pascal ferma la porte, et se retira.

La réaction de cet espoir si horriblement déçu fut tellement violente chez Dutertre, qu'il tomba sur une chaise, pâle, inanimé, sans forces, et il s'écria, en cachant sa figure dans ses mains et en dévorant ses sanglots :

— Perdu... perdu...

— Oh !... nos enfants... — s'écria Sophie, d'une voix déchirante, en se jetant aux genoux de son mari, — nos pauvres enfants !...

— Charles.... — dit à son tour le vieillard en étendant les mains et se dirigeant à tâtons vers son fils, — mon Charles... mon fils bien aimé... du courage...

— Mon père... c'est la ruine... c'est la faillite... — disait le malheureux au milieu

de sanglots convulsifs. — La misère, oh!
mon Dieu!... la misère pour vous tous....

Un contraste cruel vint porter cette douleur à son comble : les deux petits enfants bruyants, joyeux, se précipitèrent dans le salon en criant :

— C'est Madeleine! c'est Madeleine!

X

X

A la vue de Madeleine (qui n'était autre que la marquise de Miranda), le bonheur de madame Dutertre fut si grand, que, pendant un moment, tous ses chagrins toutes ses terreurs pour l'avenir furent oubliés, son gracieux et doux visage rayonnait de joie; elle ne pouvait que prononcer ces mots d'une voix entrecoupée :

— Madeleine... chère Madeleine... après une si longue absence... enfin... te voilà!...

Ces premiers embrassements échangés entre les deux jeunes femmes, Sophie dit à son amie, en lui indiquant tour à tour du regard Dutertre et le vieillard :

— Madeleine... mon mari... son père... notre père, car il m'appelle sa fille...

La marquise, entrant soudainement, s'était élancée au cou de Sophie avec tant d'impétueuse affection, que Charles Dutertre n'avait pu distinguer les traits de l'étrangère ; mais lorsque celle-ci, aux dernières paroles de madame Dutertre, se tourna vers lui, il éprouva une impression subite, étrange ; impression si vive, que, pendant quelques minutes, il oublia ainsi que sa femme les paroles vindicatives de M. Pascal.

Ce que ressentit Charles Dutertre à la vue de Madeleine, fut un singulier mélange de surprise, d'admiration et presque d'inquiétude, car il avait comme un remords confus d'être accessible, dans un moment si critique, à d'autres pensées que celle de la ruine dont lui et les siens étaient menacés.

La marquise de Miranda ne semblait cependant pas, au premier abord, devoir causer une impression si brusque et si vive. D'une stature assez élevée, sa taille et son corsage disparaissaient complètement sous un large mantelet d'une étoffe printanière, pareille à celle de sa robe, dont les longs plis traînants laissaient à peine apercevoir le bout de son brodequin ; il en était de même de ses mains, presque entièrement cachées sous l'extrémité des manches de sa robe, qu'elle portait, contre son habitude, longues et presque flottantes ; une petite capote de crêpe, d'un blanc de neige, encadrait son visage d'un ovale allongé, et faisait ressortir la nuance de son teint, car Madeleine avait la carnation pâle et mate d'une femme extrêmement brune, et de très grands yeux du bleu le plus vif, frangés de cils noirs comme ses sourcils de jais, tandis que, par un contraste piquant, sa chevelure, disposée en une foule de petites boucles à la Sévigné, était de ce blond charmant, vaporeux et cendré, dont Rubens fait ruisseler les ondes sur les épaules de ses blanches Naïades...

Ce teint pâle, ces yeux bleus, ces sourcils noirs et ces cheveux blonds donnaient à Madeleine une physionomie saisissante; ses cils d'ébène se pressaient si drus, si fournis, qu'on eût dit qu'à l'instar des femmes d'Orient, qui donnent ainsi à leur regard une expression de volupté, à la fois brûlante et énervée, elle teintait de noir le dessous de ses paupières, presque toujours demi-closes sur leur large prunelle d'azur; ses narines roses, mobiles, nerveuses, se dilataient de chaque côté d'un nez grec du plus fin contour; tandis que ses lèvres, d'un rouge si chaud que l'on croyait voir circuler un sang vermeil sous leur derme délicat, étaient charnues, nettement découpées, un peu proéminentes, comme celles de l'Erigone antique, et parfois laissaient voir entre leurs rebords pourprés une ligne de l'émail des dents.

Mais pourquoi continuer ce portrait? N'y aura-t-il pas toujours, entre notre description, si fidèle, si colorée qu'elle soit, et la réalité... l'incommensurable distance qui existe entre une peinture et un être animé? Ce serait tenter l'impossible que de vouloir rendre perceptible l'atmosphère d'attraction irrésistible, magnétique peut-être, qui semblait émaner de cette singulière créature. Ainsi, ce qui, chez toute autre, eût produit un effet négatif, semblait centupler chez elle les moyens de séduction : nous voulons parler de l'ampleur et de la longueur de ses vêtements, qui, ne trahissant pas le moindre contour, laissaient à peine entrevoir le bout de ses doigts et de son brodequin ; en un mot, si la chaste draperie qui tombe aux pieds d'une Muse antique, à la figure sévère et pensive... ajoute au caractère imposant de son aspect, un voile jeté sur le corps charmant de la Vénus Aphrodite, ne fait qu'irriter et enflammer encore l'imagination.

Telle était donc l'impression que Madeleine avait causée sur Charles Dutertre, que, muet et troublé, il resta quelques instants à la contempler.

Sophie, ne pouvant soupçonner la cause du silence et de l'émotion de son mari, le crut absorbé par l'imminence de sa ruine ; et, cette pensée la ramenant elle-même à sa position, un moment oubliée, elle dit à la marquise en tâchant de sourire :

— Il faut excuser la préoccupation de Charles, ma chère Madeleine... Au moment où tu es entrée, nous causions d'affaires... et d'affaires... fort graves...

— En effet, Madame, veuillez m'excuser, — reprit Dutertre, en tressaillant et se reprochant doublement l'impression étrange que lui causait l'amie de sa femme, — heureusement tout ce que Sophie m'a dit de votre bienveillance habituelle, me fait compt r, Madame, sur votre indulgence.

— Mon indulgence?... mais c'est moi qui ai grand besoin de la vôtre, Monsieur, — reprit la marquise en souriant, — car, dans mon impérieux désir de revoir ma chère Sophie, accourant ici à l'improviste, je lui ai sauté au cou, sans songer à votre présence... ni à celle de M. votre père... mais il voudra bien aussi me pardonner d'avoir traité Sophie en sœur... lui qui la traite comme sa fille.

Et Madeleine, en disant ces mots, se tourna vers le vieillard.

— Hélas, Madame, — reprit-il involontairement, — jamais mes pauvres enfants... n'ont eu plus besoin de l'attachement de leurs amis... C'est peut-être le ciel qui vous envoie...

— Mon père... prenez garde... — dit à demi-voix Dutertre au vieillard, comme pour lui reprocher affectueusement de mettre une étrangère au courant de leurs peines domestiques, car Madeleine avait soudain jeté sur Sophie un regard surpris et interrogatif.

Le vieillard comprit la pensée de son fils et répondit tout bas :

— Tu as raison... j'aurais dû me taire; mais la douleur est si indiscrète!... Allons...

viens, Charles... reconduis-moi dans ma chambre... je me sens accablé...

Et il prit le bras de son fils. Au moment où Dutertre allait quitter le salon, la marquise fit un pas vers lui, en disant :

— A bientôt, Monsieur Dutertre, car je vous en préviens... je suis résolue, pendant mon séjour à Paris, de venir souvent... oh! bien souvent, voir ma chère Sophie... J'aurai d'ailleurs un service à réclamer de vous, et, pour être certaine de votre consentement... je chargerai Sophie de vous le demander. Vous le voyez, j'agis sans façon, en amie... en ancienne amie.. car mon amitié pour vous, monsieur Dutertre, date du bonheur que Sophie vous doit... A bientôt donc et au revoir! — ajouta la marquise en tendant sa main à Dutertre avec un mouvement de gracieuse cordialité.

Le mari de Sophie eut, pour la première fois, honte de ses mains noircies par le travail; c'est à peine s'il osa presser le bout des petits doigts roses de Madeleine; à ce contact, il frissonna légèrement; une rougeur brûlante lui monta au front, et, pour dissimuler son trouble et son embarras, il s'inclina profondément devant la marquise et sortit avec son père.

Depuis le commencement de cette scène, les deux petits enfants de Sophie, se tenant par la main et à demi cachés par leur mère, auprès de laquelle ils restaient, ouvraient des yeux énormes, contemplant silencieusement *la dame* avec une grande curiosité.

La marquise, s'apercevant seulement alors de leur présence, s'écria en regardant son amie :

— Tes enfants ? mon Dieu qu'ils sont jolis !... Dois-tu être fière !

Et elle se mit à genoux devant eux, afin de se placer pour ainsi dire à leur *niveau;* puis écartant d'une main les boucles blondes qui cachaient le front et les yeux de sa filleule, dont la tête était à demi baissée, la marquise, lui relevant doucement le menton de son autre main, contempla un instant cette délicieuse petite figure, si rose, si fraîche, et baisa les joues, les yeux, le front, les cheveux, le cou de l'enfant, avec une tendresse toute maternelle.

— Et toi, gentil chérubin, ne sois pas jaloux, — ajouta-t-elle ; et, rapprochant la tête brune du petit garçon de la tête blonde de la petite fille, elle partagea entre eux deux ses caresses.

Sophie Dutertre, attendrie jusqu'aux larmes, souriait mélancoliquement à ce tableau, lorsque la marquise, toujours à genoux, leva les yeux vers elle, et ajouta, en tenant toujours les deux enfants enlacés :

— Tu ne croirais pas, Sophie, qu'en embrassant ces petits anges, je comprends... je ressens presque le bonheur que tu éprouves lorsque tu les manges de caresses, et il me semble que je t'en aime davantage encore, de te savoir si heureuse, si complètement heureuse.

En entendant ainsi vanter son bonheur, Sophie, ramenée de nouveau à sa situation présente, un moment oubliée, baissa la tête, pâlit, et ses traits exprimèrent soudain une si pénible angoisse, que Madeleine se releva vivement et s'écria :

— Mon Dieu !... Sophie... tu pâlis... qu'as-tu donc?

Madame Dutertre étouffa un soupir, secoua tristement la tête et répondit :

— Je n'ai rien... Madeleine... l'émotion... la joie de te revoir après une si longue absence...

— L'émotion ! la joie ? — reprit la marquise d'un air de doute pénible, — non... non ! tout à l'heure c'était de l'émotion, de la joie ; mais à cette heure, tu as l'air navré... ma pauvre Sophie...

Madame Dutertre ne répondit rien, cacha ses larmes, embrassa ses enfants, et leur dit tout bas :

— Allez retrouver votre bonne, mes chers petits.

Madeleine et Auguste obéirent, et quittèrent le salon non sans s'être retournés plusieurs fois pour regarder encore *la dame* qu'ils trouvaient des plus avenantes.

XI

X

A peine les deux enfants furent-ils sortis du salon, que Madeleine dit vivement à son amie :

— Nous voici seules... Sophie... Je t'en conjure, réponds-moi; qu'as-tu? D'où vient cet accablement soudain? L'absence... l'éloignement m'ont-ils donc fait perdre ta confiance?

Sophie eut assez de courage pour surmonter son accablement et cacher, sans mentir cependant, un pénible secret qui n'était pas le sien, n'osant avouer, même à sa meilleur amie, la ruine prochaine et probable de Dutertre ; elle répondit à Madeleine, avec un calme apparent :

— S'il faut te dire ma faiblesse, mon amie, je partage parfois, en me les exagérant, quelques-unes des préoccupations de mon mari au sujet de la crise, passagère sans doute, où se trouve l'industrie, car, — ajouta Sophie en tâchant de sourire, — madame la marquise ignore sans doute que nous autres, modestes industriels, nous éprouvons un moment de crise !

— Mais cette crise, ma chère Sophie, n'est que passagère, n'est-ce pas ? Elle n'a rien de grave, ou, si elle le devient, qu'y a-t-il à faire pour la rendre moins pénible pour toi et ton mari ? Sans être très riche... je vis dans l'aisance ; est-ce que je ne pourrais pas ?...

— Bonne... excellente amie ! — dit Sophie en interrompant Madeleine avec émotion ; — toujours le même cœur ! Rassure-toi : ce moment de crise ne sera, je l'espère, que passager ; ne parlons plus de cela, laisse-moi être toute à la joie de te revoir.

— Mais enfin... si tes inquiétudes...

— Madeleine, — reprit Sophie en souriant avec douceur, et en interrompant de nouveau son amie,—d'abord... parlons de toi...

— Egoïste !...

— C'est vrai... à ta façon ; mais, dis-moi, tu es heureuse, n'est-ce pas... car toute marquise que tu sois, tu as sans doute fait comme moi un mariage d'amour... et ton mari...

— Je suis veuve...

— Oh! mon Dieu, déjà !

— Je l'étais la veille de mes noces, ma chère Sophie.

— Que veux-tu dire ?...

— Si extraordinaire que cela te semble, c'est pourtant bien simple... Ecoute-moi : en sortant de pension, et de retour au Mexique, où j'avais été mandée, tu le sais, par mon père... je n'ai plus trouvé qu'un parent de ma mère... le marquis de Miranda... mortellement atteint des suites de l'épidémie qui venait de ravager Lima... Il m'avait vue toute petite, il n'avait pas d'enfants... il savait la fortune de mon père presque entièrement perdue par de ruineux procès. Il fut pour moi d'une bonté paternelle... presqu'à son lit de mort il me proposa sa main... « — Accepte,

« ma chère Magdalena, ma pauvre orphe-
« line, — me dit-il. — Mon nom te donnera
« une position sociale, ma fortune assurera
« ton indépendance, et je mourrai content
« de te savoir heureuse. »

— Noble cœur, — dit Sophie.

— Oui... — reprit Madeleine avec émotion, — c'était le meilleur des hommes... L'isolement où je me voyais... ses instances, me firent accepter son offre généreuse... Le prêtre vint auprès de son lit consacrer notre union... et la cérémonie se terminait à peine, que la main de M. de Miranda se glaçait dans la mienne...

— Madeleine... pardon... — dit madame

Dutertre involontairement, — je t'ai attristée... en te rappelant de pénibles souvenirs.

— Pénibles? non, c'est avec une douce mélancolie que je songe à M. de Miranda. L'ingratitude seule est amère au cœur.

— Et si jeune encore... ta liberté ne te gêne pas? Seule... sans famille... tu t'es habituée à cette vie d'isolement?

— Je me crois la plus heureuse des femmes... après toi, bien entendu... — reprit Madeleine en souriant.

— Et il ne t'est pas venu à la pensée de te

remarier... ou plutôt, — ajouta Sophie en souriant à son tour, — ou plutôt de te marier?... Car, enfin, malgré ton veuvage, tu es toujours demoiselle...

— A toi, bonne Sophie... je ne cache rien. Eh bien!... si... une fois j'ai eu envie de... me marier... comme tu dis : ça a été une grande passion, tout un roman, — reprit gaîment Madeleine.

— Libre comme tu es, qui a empêché ce mariage?

— Hélas! je n'ai vu mon héros que pendant cinq minutes... et de mon balcon encore...

— Cinq minutes seulement?

— Pas davantage.

— Et tu l'as aimé tout de suite ?

— Passionnément...

— Et tu ne l'as jamais rencontré depuis ?

— Jamais... Il est sans doute remonté au ciel parmi ses frères les archanges... dont il avait l'idéale beauté.

— Madeleine... parles-tu sérieusement ?

— Ecoute... Il y a six mois, j'étais à

Vienne ; j'habitais une campagne située près des faubourgs de la ville... Un matin, je me trouvais dans un kiosque dont la fenêtre s'ouvrait sur la campagne... Soudain mon attention est attirée par le bruit d'un piétinement sourd et d'un choc d'épées... Je cours à ma fenêtre... c'était un duel !

— Oh ! mon Dieu !

— Un jeune homme de dix-neuf à vingt ans au plus, gracieux et beau comme on peint les anges, se battait avec une sorte de géant d'une figure féroce. Mon premier vœu fut que le blond archange (car ma passion est blonde), triomphât de l'horrible démon... et, quoique le combat n'ait duré

devant moi que deux minutes à peine, j'eus
le temps d'admirer l'intrépidité, le calme et
l'adresse de mon héros ; sa blanche poitrine
demi-nue, ses longs cheveux blonds flot-
tant au vent, le front serein, les yeux bril-
lant, le sourire aux lèvres, il semblait bra-
ver le péril avec une grâce charmante, et, à
ce moment, je te l'avoue, sa beauté me parut
surhumaine ; soudain, au milieu de l'espèce
d'éblouissement que me causait le scintille-
ment des épées, je vis le colosse chanceler
et s'affaisser sur lui-même. Aussitôt mon
beau héros, jetant son épée au loin, joignit
les mains... et, tombant à genoux devant
son adversaire, leva vers le ciel sa figure en-
chanteresse, où se peignit tout-à-coup une
expression si touchante, si ingénue, qu'à le
voir douloureusement penché vers son en-

nemi vaincu, on eût dit une jeune fille désolée de voir sa colombe blessée... si toutefois il est permis de comparer à une colombe ce gros vilain colosse qui, du reste, ne semblait pas blessé mortellement ; car il se leva sur son séant, et, de sa voix rauque, qui arriva jusqu'à moi à travers les persiennes, il dit à son jeune adversaire :

« — C'est à genoux, Monsieur, que je de-
« vrais vous demander pardon de ma con-
« duite déloyale et de ma provocation gros-
« sière ; si vous m'aviez tué, c'eût été jus-
« tice. »

FIN DU PREMIER VOLUME.

Impr. de E. Dépée, à Sceaux.

Ouvrages d'Alexandre Dumas.

EN VENTE :

LE COLLIER DE LA REINE,
4 volumes in-8.

LA RÉGENCE,
2 volumes in-8.

Cet ouvrage n'a pas paru dans les journaux.

LE VÉLOCE,
2 volumes in-8.

Cet ouvrage n'a pas paru dans les journaux.

SOUS PRESSE :

LOUIS QUINZE,

Cet ouvrage ne paraîtra pas dans les journaux.

LES MILLE ET UN FANTOMES,
2 volumes in-8.

IMPRIMERIE DE E. DÉPÉE, A SCEAUX (SEINE.)

www.ingramcontent.com/pod-product-compliance
Lightning Source LLC
Chambersburg PA
CBHW071509160426
43196CB00010B/1465